U0133453

图书在版编目（CIP）数据

邹韬奋作品精选集 / 邹韬奋著 . -- 长春：吉林人
民出版社，2020.12
　ISBN 978-7-206-17883-2

　Ⅰ.①邹…　Ⅱ.①邹…　Ⅲ.①邹韬奋（1895-1944）
-文集　Ⅳ.①C53

中国版本图书馆 CIP 数据核字（2020）第 259820 号

出　品　人：常　宏
选题策划：吴文阁　翁立涛　四季中天
责任编辑：张　娜
助理编辑：刘　涵　丁　昊
封面设计：观止堂＿未　氓

邹韬奋作品精选集
ZOU TAOFEN ZUOPIN JINGXUAN JI

著　　者：邹韬奋
出版发行：吉林人民出版社（长春市人民大街 7548 号　邮政编码：130022）
咨询电话：0431-85378007
印　　刷：三河市京兰印务有限公司
开　　本：650mm×960mm　　　　1/16
印　　张：18.75　　　　字　　数：220 千字
标准书号：ISBN 978-7-206-17883-2
版　　次：2021 年 3 月第 1 版　　印　　次：2021 年 3 月第 1 次印刷
定　　价：52.80 元

邹韬奋 著

邹韬奋作品精选集

吉林人民出版社

出版说明

邹韬奋，原名邹恩润，笔名韬奋，我国杰出的出版家和新闻记者、伟大的爱国者、富有影响力的政论家和散文家。邹韬奋短暂而光辉的一生，以其百折不挠、乐于奉献的精神，对我国现代新闻出版事业产生了深远的影响。"韬奋精神"已成为我国新闻出版事业的一面光辉旗帜，以他名字命名的"韬奋出版奖""韬奋新闻奖"，已成为我国对新闻出版从业人员的最高奖励。

邹韬奋先生的一生是短暂的，然而在这短暂的一生中却创作了800余万字的各类作品，留下了丰富的文化遗产和宝贵的精神财富。鉴于此，我们编选了本书，我们希望本书既能展现邹韬奋先生多方面的写作风貌，又能兼顾当下读者的阅读特点，总之，我们希望能为读者呈现一部邹韬奋先生的精华读本。编选说明如下：

一、从邹韬奋大量作品中编选出各方面最具代表性的作品。

二、保留原作中符合当时语境的表述，只对错别字、常识性错误进行改动。

三、参照2012年6月实施的《出版物上数字用法》国家标准，在"得体""局部体例一致""同类别同形式"等原则下，对原书中涉及年龄、年月日等数字用法，不做改动（引文、表格和括号内特别注明的除外）。中华人民共和国成立后的年、月、日统一采用公元纪年法表示。

邹韬奋先生的作品，是其奋斗历程和精神内涵的集中展现。我们重读先生的作品，依然能从他亲切质朴、纯粹利落的语言中，感受到他那颗爱国爱民的拳拳赤子之心和对真理的追求。斯人已逝，风范长存，人们将永远缅怀先生，他的作品也将激励一代又一代的中国人。

编　者

目 录
contents

第一辑　人生随笔

第二辑　散文游记

第三辑　书话漫谈

第四辑　新闻与出版

第一辑　人生随笔

转到光明方面去

　　世界上有许多人一天到晚心绪恶劣，愁眉苦脸，在苦闷与失败里面过日子，都是因为他们对丁生活存着错误的心理。他们好像从来不把脸朝着太阳光，却把背朝着太阳光；这样一来，望着前途，当然只看见黑影子了。但是我们要知道，我们的确能够在光明中过生活——只要我们肯睁开眼睛，放宽胸襟，看得见人生的美丽，愉快，与安慰。

　　自己要上进，只有靠自己努力去做。如肯立定志愿，转到光明方面去，你要无时无地不欣然的向着所定的目标前进，无论什么外诱，不能动你丝毫；这样做去，包能达到成功的结果。你要明白，你现在所处的境遇怎样平常，所处的位置怎样低微，所做的事业怎样有限，都一点儿无关紧要；最紧要的，与你前途有极大关系的，是你现在所朝着的方面——你心目中所常想的，所念念不忘的方面。你试想：倘若你一直立住望着山下的黑暗深谷，能否有达到山顶的时候？如你自愿安于困苦失败的黑暗深谷，念念不忘在这种黑暗的方面，那末虽有健康，美丽，安慰，成功的高峰在望，你心目中并没有它的影像，尽管埋着头望黑暗处钻，也不能引你上进。

　　我们如能改变我们的人生观，便能改变我们的生活。假使我们脑子里充满了穷苦愤恨疑虑的观念，好像戴着有颜色的眼镜看东西，外面东西的颜色也跟着它变，这样看出去，没有一件东西不是黑暗悲惨，可恨可恶的，我们的生活不受我们思想的影响；你倘若一直向黑暗方面念念不忘，终有一天要跌到那个深渊里面去！你走路当然不得不向你所朝着的方向走，如要达到愉快与成功，心理却常常向着与它相反的方面，便永远休想达到；如心理常常向着恐怖，疑虑，靠不住，而要实现与它相反方面的好结果，也无异于向着西藏前进，要想达到美国的诗家谷，当然也是绝对不可能的事。

世界上最重要的东西莫过于我们的心理，我们要知道人类是应该要愉快的享受健康，幸福，安慰的生活。倘若我们还没有得到所应得的部分，这因为我们功夫还没有做得到步，还要努力的做去。若只不过一天到晚在恐怖，错误的思想，灰心，怨尤，与烦躁心境的广漠里面，横冲直撞，徒然耗神废时！因果律是人人逃不掉的。所谓因果律，就是说收成迟早总要与耕耘相应。我们固然不能希望不用力而有所成就，但是如果我们用了适当的心理对生活，做事做得不错，做得高兴，能诚实，仁爱，勤于助人不自私自利，迟早必能得着由这种耕耘所出来的收成，决然无疑。

总之，我们如朝着光明的方面前进，心目中无时没有所欲达到的目标，用坚毅的意志，百折不回的精神，活泼快活的心境，无时无地不向着这个光明的方面前进，决不念念与此相反的黑暗方面，我们的一生，便可有惊异的进步。

原载 1927 年 2 月 20 日《生活》周刊第 2 卷第 16 期，著名恩润。

有效率的乐观主义

有一个名词，个个人的脑子里都应该有的，个个人的心里都应常常想到，常常念着的，这就是"乐观主义"。一个人的目的愈远，计划愈大，他的工作所经过的途径也愈远；在前进的时候，有许多愁虑，困难，穷苦，失望，都是当然要碰到的。乐观主义的人，就是不怕这些恶魔，反而振起精神，抱着希望，向前干去！倘被恶魔所屈服，便亡了；倘能战胜恶魔，便是胜利！

凡是要做得好的事情，都不是随随便便就行的，都不是容易的。你自己要立于什么地位？要达到什么地步？情愿付什么代价？你所希望的地位或地步总在那里，不过必须先付足了代价的人，才能"如愿以偿"。沿着大成功的一条路上，有许多小失败排列着，最后的成功是在能用坚毅的精神，伶俐的眼光，从这许多小失败里面寻出教训，尽量的利用他，向前猛进。而这种"寻出"和"尽量的利用"，惟有抱乐观主义的人才能够办到。

牛顿发明地心吸力学说的时候，全世界人反对他；哈费（Harvey）发明血液循环学说的时候，全世界人反对他；达尔文宣布进化论的时候，全世界人反对他；白尔（Bell）第一次造电话的时候，全世界人讥诮他；莱特（Wrights）初用苦工于制造飞机的时候，全世界人讥诮他。讲到我们中国的"国父"孙中山先生，最初在南洋演讲革命救国的时候，有一次听的人只有三个。

这许多人都要抱着乐观主义，极强烈的乐观主义，使他们能战胜全世界的糊涂，盲从，冷酷，恐怖，怨恨，反抗。而且工作愈伟大，所受的反抗也愈利害，简直成为一种律令，对付这种利害的反抗，最重要的工具是乐观主义。

有许多人以为乐观主义的人不过是"嬉皮笑脸"，"随随便便""一切放任""撒撒烂污""得过且过""唯唯诺诺"。诸君切勿误信这种谬说。真正的乐观主义的人是用积极的精神向前奋斗的人，是战胜愁虑穷苦的人。这类的苦境，常人遇着，要"心胆俱碎"，"一蹶而不能复振"的；只有真正乐观主义的人才能努力奋斗，才敢努力奋斗！所以讲到乐观主义还不够，要有"有效率的乐观主义"才行。

原载1927年4月24日《生活》周刊第2卷第25期，署名心水。

闲暇的伟力

"闲暇"两个字，用再平常一点的话讲起来，就是"空的时候"。

金屑 在美国费列得费亚的造币厂地板上，常有造币材料余下小如细粉的金屑，看过去似乎是很细微不足道，但是当局想法把它聚集拢来，每年居然省下好几千圆的金洋！能用闲暇伟力的成功人，也好像这样。

短的闲暇 我们常听见人说："现在离用膳时候只有五分钟或十分钟了，简直没有时候可以做什么事了。"但是我们试想世界上有多少没有良好机会的苦儿，竟利用许多短的闲暇，成功大业，便知道我们所虚掷的闲暇时间，倘若不虚掷，能利用，已足使我们必有所成。此处闲暇时间外的本来的工作时间尚不包括在内，可见闲暇的伟力，真非常人所及料！

格兰斯敦 格兰斯敦是英国最著名的政治家，他的法律的政治的名著，世界上研究法律政治的人无不佩服的。但是他一生无论什么时候，身边总带一本小书，一有闲暇的时候，就翻来看，所以他日积月累，学识渊博。大家只晓得他的学识湛深，而不晓得他却是从利用闲暇伟力得来。

法拉台 法拉台（Michael Faraday）是电学界极著名的发明家。他贫苦的时候是受人雇用着订书的，一天忙到晚；但是他一有一点闲暇，就一心一意做他的科学试验。有一次他写信给他的朋友说："我所需要的就是时间，我恨不能买到许多'写意人'的'空的钟头，甚至空的日子'。"但是有"空的钟头""空的日子"的"写意人"，反多一无贡献，和"草木同腐"，远不及"一天忙到晚"的法拉台，就在他能利用闲暇的伟力。

虽忙 一个人虽忙，每日只要能抽出一小时，如果用得其法，虽属常人也能精熟一种专门科学。每日一小时，积到十年，本属毫无知识的人，也要成为富有学识的人。

心之所好 尤其是年青的人，在本有工作之外，遇有闲暇时候，总须有一种"心之所好"的有益的事做。这种事和他原有的工作有无关系，都不要紧，最要紧的是真正"心之所好"，有"乐此不疲"的态度。

现今 "现今"的时间，是我们立志可以作任何事的"原料"；用不着过于追想"已往"，梦想"将来"，最重要的是尽量的利用"现今"。

原载 1927 年 10 月 9 日《生活》周刊第 2 卷第 49 期，署名惭虚。

做领袖的真本领在那里？

领袖不是摆架子的代名词，也不是"封建势力"的遗物，是有系统有稍大规模的事业上少不了的一个分子。所以无论机关的大小，总要有一个领袖。

"衣之提挈，必在领袖。"所以用来"喻人之能提挈其下者"。这个"下"字，并不含有阶级的观念，是指做一种事业里一小部分事务的人，合了许多小部分的事务，聚起来便构成那种事业的全部的事务，做领袖的人就在于能够"总其成"。换句话说，做领袖的人就在能有顾到全部的眼光，观察全部的能力，监督全部的工夫，改进全部的计划，解决全部困难的手腕：犹之乎提了一件衣服的领袖，全件衣服都整个的在望，都妥妥帖帖的，整整齐齐的；样子好不好，有没有要改良的地方；料子好不好，有没有更改的地方；发见破绽，应如何改造或补造才好看……

有某君是一位做银行总裁的介弟，自费去美国学得工程师学位，但是实际的经验，却不见得怎样高明。回国后居然被一个规模颇大的自来水公司请去担任工程师，手下管得着的技士职工等等，倒很不少，在他的专业方面，总算是立于领袖的地位了。但是有许多工人的经验，反比这位工程师好得多，等到他"像煞有介事"的出几个命令，已被他们看穿了，于是都看他不起！你出你的命令，我做我的事情，不与你理会。结果那位堂而皇之的工程师，只做得一个孤零零的独脚戏的工程师，实在觉得无趣，并且觉得难堪，只得辞职，不干而去。

还有一位是国内某工业大学的毕业生，因为实际的工程事业做了不少，尤其因为他是从小的位置做起，对于机器方面，可谓"熟极而流"，经验非常丰富。他的才干为某巨公所赏识，请他担任某纱厂的工程师，所管的职工以千计。职工里面有几位撒烂污朋友，被他初接任时就开除了几个。职工里面有多人本以为他是徒挂学校出身的空招牌，那里真懂得机器的实际巧妙。所以有几个特别奸滑的工人，欲求泄怨，于退工的时候私把机器里面某个最重要的螺钉拆去，一面暗里通知众工人叫他们第二天早晨群聚工厂门口，约好不即进厂，看那位工程师机器开得成开不成。那里知道那位工程师对于机器，一看便看出毛病，一修便把他修好。所以第二天大众聚在门口，已见烟囱里的烟如常的涌出，机器的动声如常的震耳，只得面面相觑，相率入厂，还以为大上那几个奸滑朋友的老当！从此知道那位工程师的实在本领，翕然服从，没有什么话说！

以上两位都是我的朋友，上面所叙的事实，就是他们本人看见我，也都自承的。我还有一位朋友，曾担任北京某著名报馆的总经理，在他未接任以前，报馆里的编辑部和营业部的经理总是积不相能，后来那位营业部经理升为总经理，更弄得干不下去！这位朋友一接手，事事妥帖。何以故呢？因为他做过总编辑，为编辑部同事所心折，又做过营业部经理，对于营业的诀窍，头头是道，没有人敢欺他，所以他现在坐在那把领袖的交椅上，大稳而特稳，大胜任而特胜任！

可见做领袖的真正本领，不在空架子，全在有真实的令人心悦诚服的智能魄力眼光与手腕。这种种方面的养成，全靠在从小做起的时候，处处用心，时时留意，不是一蹴可几的。没有这样素养的人，就是立刻有人拿一把领袖的交椅给他坐上去，恐怕一跤跌了下来，爬都爬不起！

原载 1927 年 11 月 6 日《生活》周刊第 3 卷第 1 期，署名心水。

热　诚

什么是"热诚"？用上海话来说，就是"起劲"。与"起劲"处于相反地位的就是所谓"懒洋洋"，再说得坏些，也可以说是"阴阳怪气"。我们遇着懒洋洋的或是阴阳怪气的朋友，要不要讨厌？既要讨厌，自己就该向热诚或起劲的一条路走。

著名政治家克雷氏（Henry Clay）曾经有几句话说出他的热诚精神。他说："别人演讲重要问题的时候，心里觉得怎么样，我不知道；讲到我自己呢，遇着这种时候，我心目中所有的只不过当前的那个重要题目，此外对于身外的环境，自身，时间，周围的东西，都好像一无所知，一无所觉。"这样起劲的演说，当然要使人感动。

有一位著名的银行家说："一个银行如果真要大成功，要寻聘一位常把这个银行带到铺上的行长。"这是说这种行长对于该行事业的起劲，专注思想于这种事业的精神，不是真把一个那么大的银行搬到那么小的一架床铺上去。

名小说家迭更司（Dickens）说他常被他所经营的小说里面的理想人物和文字的计划所缠绕，非把他们用文字描写出来，简直不让他睡觉，不让他休息！这样起劲的做小说，当然要写得活龙活现，使人读了对着他笑，对着他哭，对着他太息和对着他欢跃！

艺术家的不朽作品，所以能成，也全恃他有勇往直前的爱美的热诚，非把他表现于大理石上或是帆布上，也是不能让他安闲的。

大思想家恩默省（Emerson）曾经说道："世界史上所记载的惊天动地的大事业，都是热诚之凯旋。"

热诚能发生新精力，热诚能启迪新智慧，热诚能增加新兴趣，热诚能战胜恶环境，热诚能给我们以最后的胜利！

原载1927年11月20日《生活》周刊第3卷第3期，署名惭虚。

坚毅之酬报

一个人做事，在动手以前，当然要详慎考虑；但是计划或方针已定之后，就要认定目标进行，不可再有迟疑不决的态度。这就是坚毅的精神。

大思想家乌尔德（William Wirt）曾经说过："对于两件事，要想先做那一件，而始终不能决定，这种人一件事都不会做。还有人虽然决定了一件事的计划，但是一听了朋友的一句话，就要气馁；其先决定这个意思，觉得不对，既而决定那个意思，又觉得不对，其先决定这样办法，觉得不对，既而决定那样办法，又觉得不对；好像船上虽然有了罗盘针，而这个罗盘针却跟着风浪而时常变动的；这种人决不能做大事，决不能有所成就，这种人不能有进步，至多维持现状，大概还不免退步！"

有一个报界访员问发明家爱迪生："你的发现是不是往往意外碰到的？"他毅然答道："我从来没有意外碰到有价值的事情。我完全决定某种结果是值得下工夫去得到的，我就勇迈前进，试了又试，不肯罢休，直到试到我所预想的结果发生之后，我才肯歇！……我天性如此，自己也莫名其妙。无论什么事，一经我着手去做，我的心思脑力，总完全和他无顷刻的分离，非把他做好，简直不能安逸。"

坚毅的仇敌是"反抗的环境"，但是我们要知道"反抗的环境"正是创造我们能力的机会。反抗的环境能使我们养成更强烈的抵御的力量；每战胜过困难一次，便造成我们用来抵御其次难关的更大的能力。

文豪嘉莱尔（Carlyle）千辛万苦的著成一部《法国革命史》。当他第一卷要付印的时候，他穷得不得了，急急忙忙的押与一个邻居，不幸那本稿子跌在地下，给一个女仆拿去加入柴里去烧火，把他的数年心血，几分钟里烧得干干净净！这当然使他失望得不可言状，但是他却不是因此灰心的人。又费了许多心血去搜集材料，重新做起，终成了他的名著。

就是一天用一小时工夫求学问，用了十二年工夫，时间与在大学四年的专门求学的时间一样，在实际经验中参证所学，所得的效益更要高出万万！

原载 1927 年 11 月 27 日《生活》周刊第 3 卷第 4 期，署名惭虚。

老而不老

伍廷芳博士以善诙谐闻于世，他在美国做公使的时候，美国交际场中遇有聚会，差不多非有伍老博士便不能尽欢，尤其因为他的年纪虽老，而兴趣浓厚，笑颜常开，笑话常有。

有一位朋友告诉我，伍老博士有一次在南洋中学演说，一走上演台，就先用一句英语说："I am seventy years young！"弄得全堂哄笑！这位老头子真会掉枪花！我们知道英语说多少岁数，总是说"怎样老"，十岁的说"十岁老"，二十岁的说"二十岁老"。伍老博士到了七十岁，偏说"我是七十岁幼"！这是表示他老而不老！年老而精神不老！

伍老博士所用的"幼"字代"老"字，在英语尤能相映成趣，非译文所能尽达。

一个人年岁大而老，是无可如何的事情：但是虽年老而精神要不老，否则便是"老朽"。

现在还有一班年青的人，未老而已老，或则"老气横秋"，或则"暮气沉沉"，那就更不应该！

老年人的好处在有经验，在持重，在镇定；少年人的好处在有勇气，在肯做，在向前。倘能把这两方面的好处合起来，老也好，少也好，都是大有作为的人物。

原载 1928 年 3 月 11 日《生活》周刊第 3 卷第 17 期，署名韬奋。

孤　独

近读美国前总统威尔逊氏的演说集，有一句话使人不胜感慨而兴奋。他说："林肯是一个孤独的人！"（"Lincoln was a lonely man."）

林肯何以是一个孤独的人？他的思想，他的抱负，他为国为民的苦心孤诣，他为民为国的辛勤奋斗，生前有那一个人真懂得他！当时同党的人有人叛他的，当时不满意他的人，甚至说他是一个猴子，有人加以衣冠，利用作傀儡；一旦被刺，国人追念前勋，全国挥泪，则这位孤独的英杰，已经瞑目了！我读他的传记，不禁掩卷唏嘘，感不绝于予心！

一个人须内心有所自主，如一人誉之而喜，一人毁之而忧，决做不成什么好事！

有某君说做人要做到不怕骂，才能有所成就。这句话虽有深意，当然也很有流弊。我以为先须自己深切的考虑，自己的主张是否正大？自己的工作是否正当？如自信问心无他，便当公而忘私，奋勇做到底，置成败利钝于不顾，做一个孤独的人而于心无所怨怼。倘若卑鄙污浊，效法"笑骂由他笑骂，好官我自为之"的无耻态度，那便"差之毫厘，谬以千里"！

"林肯是一个孤独的人！"我们奋斗的时候，要常常玩味这句感慨而兴奋的话！

原载 1928 年 4 月 1 日《生活》周刊第 3 卷第 20 期，署名韬奋。

胡适之先生劝人发痴！

最近各省教育代表及教育专家，在南京开全国教育大会，极一时之盛。各代表及专家会后到沪，商务印书馆在东亚酒楼设宴款待，胡适之先生演说，竟大劝人发痴！他说我们无论做什么事业，若能做得发痴，总有多少成效。像王云五先生近来对于四角检字法的提倡，便有点发痴：东演说，讲四角检字法，西演说，也讲四角检字法，东拉西扯都不外四角检字法，好像天地间只有这一事，简直成了一个痴子！

胡先生说到这里，又提到在座的杨卫玉先生。他说杨先生开口职业教育，闭口职业教育，也好像天地间只有职业教育是最重要的，也成了一个痴子！

最后胡先生现身说法，他说他自己数年前对于白话文的提倡，也是痴得很，所以不无成效；最近所提倡的"汽车文明"，是随随便便说的，并没有做到痴的程度，所以还不见什么成效。

胡先生劝人发痴，这种痴子大可以做得！

世界上科学发明家兼作痴子的很多很多！试举一二事为例。相传发明引力原理的牛顿（Sir Isaac Newton）有一天早晨正在凝思，旁置一炉，炉上一小锅开水，女仆置蛋其旁，备他煮吃，他想到一半，竟把手中的表当作鸡蛋放入锅里大煮而特煮，把一只好好的表煮坏了！痴得可以！

现在还健在的电学发明家爱迭生（Thomas A.Edison），听说他结婚的那一天，和他的新夫人同乘一辆车子经过他的实验室，他忽然想起实验室里一件正在实验的东西，把车子停在门口，请他的夫人略等一下，他自己跑进实验室里去验一下，不料他这位"痴子"新郎进了实验室之后，一心一意想着所实验的东西，东挖西摸，竟又实验起来，把新娘忘在门外！后来那位新娘等了大半天，实在等得不耐，跑进实验室去问一下，"痴子"新郎看见了新娘，才恍然若醒！陪着一同回去。这真痴得可以！

我国俗语有句话说："精诚所至，金石为开。"本文里所谓"痴"，就是"精诚所至"，不但"好之"，而且"乐之"，能有这种"发痴"的精神，虽排万难，若行所无事！"痴子"盍兴乎来！

原载1928年6月24日《生活》周刊第3卷第32期，署名心水。

肉麻的模仿

模仿本来不是坏事情，而且有意义的应需要的小模仿反是一件极好的事情。例如模仿外国货以塞漏卮，模仿强有力的海陆军以固国防，模仿良好品性以正心修身，何尝不好？但是无意识的模仿，便有不免令人肉麻的地方！

自从《胡适文存》出版以后，好了！这里出一部"张三文存"，那里又出一部"李四文存"！好像不印文集则已，既印文集，除了"某某文存"这几个字外，就想不出别的稍为两样一点的名称！我看了实在觉得肉麻！这种没有创作精神的"文豪"，只怕要弄到"文"而不"存"！

还有许多做文章的人，见别人用了什么"看了……以后"作题目，于是也争相学样，随处都可以看见"听了……以后"，"读了……以后"的依样画葫芦的题目，看了实在使人作呕！我遇见这一类题目，便老实不再看下去，因为"以后"的内容也就可想而知！

交易所初开的时候，随处都是交易所，好像除了交易所，没有别的生意好做！后来跳舞场开了，也这里一家，那里一家，好像可以开个不完！不细察实际需要而盲目模仿的事业没有不失败的，交易所和跳舞场便是好例。现在又群趋于开设理发店，将来若非一个人颈上生出两个头来，恐怕不够！

即讲到本刊的排印格式，自信颇有"独出心裁"的地方，但是近来模仿我们的刊物，已看见不少，听见有一种刊物的"主人翁"竟跑到印《生活》的那家印刷所，说所印的格式要和《生活》"一色一样"！我们承社会的欢迎，正在深自庆幸，并不存什么"吃醋"的意思，不过最好大家想点新花样，若一味的"一色一样"，觉得很无谓。

我们以为无论做人做事，宜动些脑子，加些思考，不苟同，不盲从，有自动的精神，有创作的心愿，总能有所树立，个人和社会才有进步的可能。

原载1928年8月12日《生活》周刊第3卷第39期，署名韬奋。

仗义执吠的狗

老友张竹平先生住在上海辣斐德路，他告诉我说昨天上午（八月十五日）他家的门口出了一桩奇事。有一部汽车如飞的驶过，刚到他的门口，把一个走路的人轧伤，立刻"呜呼哀哉伏维尚飨"，鲜血淋漓，僵卧于地，那个开车的人看见闯了祸，车也不停，正想"溜之乎也"，张先生寓所隔壁某西人家里却养有两只警犬，看见一个人被那部汽车轧倒于地，红血喷涌，不管那部汽车开足马力，居然大抱不平，狂吠飞腾，奔向车前拦阻前进。那个开车的还想逃，那两只警犬竟"义愤填膺"，同向车上开车的人奔扑阻挠，这个时候，那个开车的人手足竟不得自由，街上看的人也越集越多。结果他竟不免"捉将官里去"！

那两只狗，见义勇为的时候，他们心里到底有无意识，未曾用过"心理测验"来测验一下，在下不是狗类，当然不敢武断，不过看他们所遇的情况及所作的对付行为，不能说是没有意识的举动。我尤其觉得当今"唯唯诺诺"的社会，只有势利不问是非的社会，能有"仗义执言"的人，已若"凤毛麟角"，看到这种"仗义执吠"的狗，更不禁"感慨系之"。

"圆颅方趾"本不是"梅花足迹"的同类，那两只警犬竟"有救无类"（从《论语》"有教无类"脱胎出来的），奋不顾身的做去。若有同属于一个民族的人，眼见穷凶极恶的强暴，占了我们的土地，杀了我们的吏民，还不能开诚布公，互泯私见，消灭意气之争，搁开个人权利，万众一心的振作精神，从事建设，积极御侮，那就对着这两只狗都不免惭愧！

骂人做狗，当然要"像煞有介事"的板面孔，至于人不如狗，则又如何？

　　原载 1928 年 9 月 2 日《生活》周刊第 3 卷第 42 期，署名韬奋。

唯唯诺诺的脚色

平日交到一位唯唯诺诺的朋友，你说这般这般，他连忙称是；你说那样那样，他又连忙称是，一切顺手的时候，你和这样千是万是的朋友在一起，也许觉得舒服得很。但是一旦你有了特别重要的事情，你要有人对你所拟定的办法加以精确的批评，补你思虑所不及，或要藉此取决行止，你便不想去问这样唯唯诺诺的朋友了，你便渴望求得一位"是其所是而非其所非"的得力朋友了，你便要就教于一位肯用脑子能用脑子的朋友了。

各机关里面用人，也有相类的情况，所以各业领袖倘是贤明的，他所朝夕访求的人材，决不是唯唯诺诺的一派，因为唯唯诺诺于他是毫无所补的；你如果不管他的计划到底好坏，不用自己的脑子思考一番，便唯唯诺诺起来，那末他的计划倘若本来是好的，多了你的唯唯诺诺一下，并无丝毫的增益，他的计划倘若本来是不行的，受了你的唯唯诺诺一下，反而促他走入歧途，弄得一团糟！他所殷切访求的是肯用脑子能用脑子的人，因为这种人才能增加他的事功效能，才能替他分负责任。

前几年有某君自美留学回国后，在市政某机关得到一个位置，和社会上所谓领袖人物颇有周旋的机会，但是他一味采用"唱喏"主义，对于他们所计议或所讨论的事情，他总是千是万是，或在他们已讲的话上而再添说几句"为蛇添足"的话。后来那机关里的一位领袖寻出他的短处，对人说"他是没有脑子"的！遇有比较重要的事都不和他商量。

这样看来，做唯唯诺诺的一派的人，最初虽未尝不可令人"适意"，一旦"拆穿西洋镜"，他的信用便从此"荡然无存"！

上面所述某领袖骂唯唯诺诺的人为"没有脑子"的人，脑子原是人人有的，不过对于无论什么事不加思考而无所不"是"的人，虽有脑子而不用。器具则愈用愈利，愈不用则愈钝，人的智慧则亦有然；所以其初不肯用，后来便要做到不能用的地步；于是虽有脑子等于"没有脑子"。

在唯唯诺诺的反面，便是无论对于什么事情，要养成判断的能力；要用自己的脑子思考一番，依自己思考力所得的结果，下一断语；我以为是的还他一个是，我以为非的还他一个非，我以为应该这样办的，或以为应该那样办的，便自己打定一个主意或态度。

有一天作者和几位朋友谈天，其中有人已居于领袖的地位，也有人还是处于"助手"的地位，有一位处于"助手"地位的朋友歉然不自信他有独当一面的能力，我问他何以见得，他说因为恐怕没有独立的判断能力，有一位已居领袖地位的朋友说："你从来未曾独当过一面，当然用不着独立判断能力，没有用过不能说是一定没有，等到你身临独当一面的时候，非当机立断不可，你便须用着你的独立判断力了。"这一句话固然可以振作一般"自馁者"的精神。但是我却再有进一步的建议，就是一个人目前所处的是"助手"的地位，所处理的事情，其最要的决定权虽在所谓"领袖"，但是他对这件事也未尝不可先用自己的脑子考虑一番，自己假定一种"我以为应该要这样办的"办法，看看后来那位"领袖"所拟的办法是否和他所假定的符合，并留意随后的结果，研究结果差异之症结所在，这样一来，岂不也是有运用判断力的机会？岂不也是可以养成独立的判断能力？这样寓"修养"于"做事"里面，实在是增加自己才能的好方法，而其最重要的条件是要"肯用脑子"。

最后我们还有一点要提出的，就是唯唯诺诺的反面并不是"盲目的反对"。社会上有一种人在机关里，或在会场上，无论对于什么"计划"或"建议"，总是要保持一种"死作对头"的态度，不管对与不对，总是要反对的，这是所谓"捣乱分子"，虽与"唯唯诺诺"处于相反的绝端，也是要归在"没有脑子"的一类。

原载1928年9月16日《生活》周刊第3卷第44期，署名心水。

礼貌要整顿一下才好！

咱们的同胞生在数千年的"礼义之邦"，当然是有礼貌的！

你看大多数仍旧喜用拜跪礼的结婚，跪了又跪，拜了又拜，跪啊！拜啊！弄得新郎新娘的两个腰，两双腿，酸痛得不亦乐乎！至于虚耗于这种繁文缛节的宝贵时间更不算什么。这种把戏不是自以为有"礼貌"吗？

你看大多数请客上席的时候，并不由主人指定座位，却由客人来你拉我扯，好容易拉扯了半晌，才舒齐的坐下。这种怪现象不是自以为有"礼貌"吗？

不幸多了几位客人，由主人肃入饭厅的时候，或是一同向主人辞别而将要走出客厅门口的时候，又要大家不肯先走，也要你让我，我让你，让个不休，同时也就是嚷个不休！这不是自以为有"礼貌"吗？

自命有礼教的家庭，后辈和前辈同走的时候，不敢并排走，要俯首垂臂，跟在屁股后面，做出奴隶的丑态！这不是自以为有"礼貌"吗？

但是你到火车站去买票的时候，上电车的时候，往影戏园去买票子的时候，遇着人多的时候，老不客气，便要挤得你水泄不通，东推西轧，好像打仗一样！这种可怜的怪现象，本是社会上人士所"司空见惯"的，似乎不值得提起，但是我们如想到犯这个毛病的并不限于没有知识的人，就是自命属于知识阶级的人，也常常被人看见在这种人山人海中乱碰乱钻，便觉得有大声呼喝的必要。

西人遇着人多的时候，常有"成行"的良好习惯，他们叫作Line up，就是列成一行，先到的列在前面，后到的列在后面，按次轮到，不许紊乱，买火车票或戏票的时候如此，无论什么事情有轮次可能的时候都如此，他们差不多成为"行所无事"的自然习惯，但是在咱们"礼义之邦"的一般国民还属绝无仅有。

说到这里，我很难过的忆起一位亲戚告诉我的一件事来。他在美国求学的时候，那个大学里的中国学生只有他和新由中国到的某君。在开学的那一天，学校里许许多多同学正因某事在那里"成行"的时候，他们两位当然也夹在里面。可是那两位里面新到的某君，因为没有"成行"的习惯，立在那里看见前面立着的人一个一个依次的轮到，他列在颇后，心里有些不耐，于是偷偷捏捏的离开自己所立的地位，静悄悄挤到前几个位置里，希望可以立得前面一些，可以早些轮到。不料被左右的美国同学看见，某君自以为极可随便无关重要的事情，竟引起了众怒，有几个美国学生把他拖到最后的一个位置上立着，连原来的那个"颇后"的位置都得不到！当时我的那位亲戚以同国的关系，心里明知某君的错误，仍表同情于他，深恨美国同学的"横暴"。他在美有年，所交得的美国好朋友也不少，事后他和几位美国好朋友谈起这件事，说美国学生未免太使中国学生难堪。但是那几位朋友都一致的以为这并不是专对中国人才如此，就是他们遇着本国人也如此。他们说一个人任意钻到前面去，似乎不要紧，倘若许多人都效尤不守秩序，那一"行"很整齐的秩序，岂不是要扰得一团糟；结果非但不能省时间，反因拥挤倾轧而多费时间。这当然是很显明的道理，所以我的那位亲戚，心里也只有惭愧而已，"夫复何言"！

我在上海有一次在电车站等电车，看见一位西妇手上携着一个四五岁的外国"小把戏"，车停之后，有另一个女子正想登车，那个"小把戏"想抢上一步先登，陪着他的那位西妇（似乎是他的娘），赶紧说道："要让妇女先登。"（Lady First）那个"小把戏"便很驯良的等着。我们在这种地方，很可以感觉"有礼貌的良好习惯"最好从小就要注意起。但这种话是对做父母及小学教师说的，至于青年，壮年，乃至老头儿，只要自己留心，何尝不能把恶习惯改去。

话说得远了。我们的意思以为中国的礼貌要"社会化"；例如他们在家中客厅里请客让坐位的时候，那样"不惮烦"，在火车站买票的时候只要肯分出百分之一二的"客气"就好了！

原载 1928 年 10 月 7 日《生活》周刊第 3 卷第 47 期，署名心水。

"吃"而且"拍"

最卑鄙　社会里面有一种最卑鄙的人，便是"吃"而且"拍"的脚色。

什么叫作"吃"，就是对于"吃得牢"的人，是他管得着或自以为管得着的人，或无力和他计较的人，总是摆他的臭架子，常有颐指气使之概！

心理　我们试分析这种"吃"的心理，不外乎要使对方的人觉得他的"高大"，对他增加"敬意"；推他的本心，也不过要人对他"心悦诚服"。

错了　但是他错了！一个人的"大"，一个人的"可敬"，一个人的"配悦配服"，要完全由别人的心目中做出发点的，不能由"自大"就可以达到目的的。

就职务上说，如果你的职权都比别人大，而你对于你的职权又是"内行"，别人所经手的事情是要和你接洽，是要受你监察，在实际上你就是和颜悦色，有相当的礼貌，决不因此而"小"。否则就是你的眼睛生在额上，甚至生在额骨头后面去，目中看不见人，也不见得就"大"了起来！总之"大"要从别人心目中出发，"自大者"不"大"！

就本领上说，你不动声色的把本领用到你所应做的事务上去，别人自然而然的觉得你的可敬，别人自然而然的觉得你配悦配服。你若把本领放在面孔上，别人便"勿买帐"，就是表面上也许不得不对你敷衍，心里总是"勿高兴"！换句话说，你要别人"敬"，反因此使别人"厌"；你要别人"服"，反因此使别人"看不起"，何苦来！

拍 说也奇怪，工于"吃"的人，也往往工于"拍"，所以这种人可以说是"吃"而且"拍"。什么叫作"拍"呢？这很简单，就是"谄媚"。"拍"的表现可分形态和语言两种。形态方面例如一鞠躬就要九十度，两手垂直步武"二爷腔"，言语方面例如一回答就把"是"字像联贯珠似的挂在嘴上。至于行为方面当然还有"拍"的妙用。

心理 我们试分析这种"拍"的心理，不外乎要"讨好"。其实只有用真本领来服人是有永久的性质，靠"拍"来"讨好"的，虽可乘"谄媚"的普通心理，使受者最初也许被他欺了过去，终究要拆穿西洋镜的。我有一位朋友亲见有某甲在某机关里服务，对于那机关的领袖方面，"拍"的工夫用得十足，在形态和语言方面当然是应有尽有，有一次那领袖有喜事，同事送公份，他却另外送一份很重的礼物。礼物是依交情而有厚薄的，重礼本不一定是怎么样坏的，不过他的重礼并非有什么厚交情，却是出于厚"拍"。后来他对职务上"撒烂污"，"撒"了一次，受他"拍"的人还包庇他，"撒"了好几次之后，受"拍"的人也只得请他另换一个地方去"拍"！请他"卷铺盖"！

礼貌 在社会上应人接物，当然要有礼貌，我们并不是说要装出桀骜不驯的神气，才算美德，不过"拍"的丑态，和"拍"的陋行，却为君子所不取。

少你不得 无论做什么事，能实事求是的切实做去，使用你的机关觉得在事业方面少你不得，就是你要走，也要把你拉住，用不着"拍"！

原载 1928 年 10 月 21 日《生活》周刊第 3 卷第 49 期，署名心水。

静

我们试冷眼观察国内外有学问的人，有担任大事业魄力的人，和富有经验的人，富有修养的人，总有一个共同的德性，便是"静"。我们试细心体会，可以看出一个人的学问，魄力，经验，修养等等的程度，往往和他们所有的"静"的程度成正比例。

静的精神之表现于外者，当然以态度言词最为显著。我们只要看见气盛而色浮，便见所得之浅；邃养之人，安详沈静，我们只要见他面色不浮，眼光不乱，便知道他胸中静定，非久养不能。

我们试看善于演说，或演说有经验的人，他的态度非常沈静安定，立在演台上的时候，身体并不十分摇动，就是手势略有动作，也是很自然的。惟其态度能如此之安定自然，所以听众也感觉得精神安定，聚其注意于他的演辞。初学演说或演说毫无经验的人，往往以为在演台上要活泼，于是摇手动脚，甚至于跑来跑去，使听众的眼光分散，注意难于集中，真所谓"弄巧成拙"！

做领袖的人，静的精神之表现于态度者尤为重要，遇着重要事故或意外事故时，常人先要惊慌纷乱，举止失措，做领袖的便要绝对的镇定，方可镇定人心，不至火上添油，越弄越糟。

不必说什么机关的领袖，就是做任何会议的一时主席，也须要具有"静"的精神的人上去，才能胜任愉快。

"静"的精神之可贵，不但关系外表，脑子要冷静，然后思想才能够明澈缜密。有了这种冷静的脑子，用来研究学问，才不至受古人所愚，才不至受今人所欺，一以理智为分析判断之准绳；有了这种冷静的脑子，用来应事应人，才能应付得当，不受欺蒙；有了这种冷静的脑子，用来立身处世，才能不为外撼，不为物移，才能不至一人誉之而喜，一人毁之而忧，才做得到得意时不放肆，失意时不烦恼，因为有了这种冷静的脑子，胸中有主，然后不为外移。

昔贤吕心吾先生曾经说过："君子处事，主之以镇静有主之心。"又说："干天下大事，非气不济，然气欲藏不欲露，欲抑不欲扬，掀天揭地事业，不动声色，不惊耳目，做得停停妥妥，此为第一妙手。"这几句话很可以说出静的妙用来。

但是我们所主张的"静"是积极的，不是消极的；是要向前做的，不是袖手好闲的。例如比足球的时候，守球门的人多么手敏眼快，但是心里是要十分冷静的，苟一心慌意乱，敌方的球到眼前还要帮助敌方挥进自己的门里去！我们是要以静为动之母，不是不动。关于这一点，吕心吾先生还有几句很可以使我们受用的话，我现在就引来做本文的结束："处天下事只消得安详二字，虽兵贵神速，也须从此二字做去。然安详非迟缓之谓也，从容详审，养奋发于凝定之中耳。是故不闲则不忙，不逸则不劳。若先急缓，则后必急遽，是事之殃也，十行九悔，岂得谓之安详？"

原载 1928 年 12 月 16 日《生活》周刊第 4 卷第 5 期，署名心水。

新女子最易上当的一件事

本刊所受的刺激　本刊自创设"读者信箱"以来，所发表的公开的信，虽因篇幅有限，为数无多，而每天接到读者的来信，如雪片飞来，大有应接不暇之势，其中有许多男女同志的信，商量秘密的事情，连父母方面都听不到他们的话，竟承他们通信和编者商量，他们的本意，原也不要在本刊上公开发表；这种不许公开的信，在编者方面，当然在道德上须负绝对严守秘密的责任，就是有时征得投函者本人的同意而酌量发表，也往往用他们的假名。编者每日一到夜里，独处斗室之中，就案旁拥着一大堆的来信，手拆目送，百感猬集，投函者以知己待编者，编者也以极诚恳的极真挚的情感待他们，简直随他们的歌泣为歌泣，随他们的喜怒为喜怒，恍然若置身于另一天地中，与无数至诚的挚友握手言欢，或共诉衷曲似的，辄感负托之重，期望之殷，竭我智能，尽忠代谋。本刊以做到读者的一位好朋友自期，就此事的情形说，本刊在精神上所得到的好朋友却已不少。

最近就许多女同志的来信内容说，我们觉得有一件事是新女子最易上当的，而且这种容易上当的事情，倘无相当觉悟，将随风气之开而愈益蔓延，受其害者将愈众！

朋友无妨　有某女士在某大学肄业（女士来信声明不愿将姓

名发表），她生平只有一位心腹女友，她平日就呼她做"妹妹"。这位"妹妹"在同学中却交上了一位男友。在文明的时代，男女交朋友，只要是光明正大，本算不了一回事。不幸这位"妹妹"后来竟答应那位男友的要求，瞒着生平知友某女士，和他在校外发生了生理上的关系，等到"结晶品"膨胀起来，才知道对方已有了妻子，才向某女士哭诉求援。某女士来函本刊商量办法，本刊的信覆去尚未达到，又接到某女士的来信，说那位男友糊里糊涂叫人替她打胎，一命呜呼了！后以女家系所谓礼教世家，恐家丑外扬，竟含糊了事。我们读某女士哀念挚友惨死的那封凄惨的信，亦为之泫然，但竟来不及援救！这一类的事情已数见不鲜，不过描述的悲哀程度，以这位女士的来信为尤甚，使人看了真要淌下泪来！

交朋友是可以的，但须交益友。在女子方面，只要看所交的男友有不合理的生理上的要求，就是他百般言爱，但未有彻底了解而且正式结婚之前，遽有此要求，便是很危险的途径，应拿定主意，毅然拒绝。这一点如拿得定，就是发现对方靠不住，顾而之他，也不至于有何凄惨的结果。如对方是好人，由于一时的卤莽，经此拒绝，益可坚其德性，若以此为要挟，则可见对方品性之无可取，何可屈从？马振华女士之死于汪某，也是这一点没有拿得定所致。

未婚夫妇 既已订婚，有些女子便觉名分已定，一切似乎都可以随随便便，其实也是很危险的，也是不可上当的！我们就所知道的许多事实里面，姑把沈香如女士告诉我们的一件事，撮述如下："婚姻自主，恋爱自由，是打倒买卖式的旧礼教的婚制：这诚然是新时代所应取的新制度。但总要认明主见做去，方不致堕入水深火热的惨境……我有友某女士，从小由父母作主，凭媒说合与一位孔君订婚，他们两家本是老亲，从小就很熟的，后来彼此年岁渐大，因受潮流的激荡，虽属旧式订婚，却彼此常通音讯，有暇的时候，也就在人静的地方，卿卿我我，绵绵情丝，亲热得什么似的，竟发生了不应有的关系。那时她在初中肄业，孔君已升入高中。后来孔君转学海上某大学，爱上了一位女学生邹女士，竟对原配之婚姻认为父母偏面作主，自己未曾同意，提出解约。吾友的失身于未婚夫早为亲友所闻，以为终身所托有主，亦不以为意，忽闻此晴天霹雳，气忿已极，曾悬梁觅死，经人察觉拯救……"

这种薄幸的男子，当然是"罪莫大焉"。但在现在的社会状况之下，这种男子还能乐其所乐，所苦的只有被他始乱终弃的女子！倘若不"发生了不应有的关系"，就是不幸遇着这种薄幸的男子，结果也不至如此"尴尬"。

或者有人说　或者有人说，你所举的是靠不住的未婚夫，如果是靠得住的，随便一点，有什么要紧？关于这一层，我们要贡献两点：（一）人性之中原含有理性和兽性，理性胜过兽性的时候便是好人，兽性胜过理性的时候便是坏人。所以一个人除了自己的理性做主宰外，还有社会的制裁，甚至法律的制裁，使兽性不得纵肆。一个人就是好人，他的人性中既不免含有兽性，除他自己的理性外，如有社会及法律的制裁，当然更稳妥些，因为有时他的兽性也许要发作，便可因此而敛迹，使他的理性占得优势。一个女子的未婚夫也许真是好人，但在正式结婚之后，法律上保护做妻子的规定更严，便多一层保障。若在未正式结婚以前即随便失身，便含有一种危机，因为解约究竟比离婚容易。换句话说，正式结了婚，便多一重保障，使男的方面的兽性因有所顾忌而不易猖狂。就是你所爱的男子是好人，他总是人，既是人，我们便不该徒唱高调，便应该知道他实含有兽性，既含有兽性，便须有相当的制裁才能永持他的理性，所以就是未婚夫是好人，在未正式结婚以前，女子也不应该随随便便的失身，否则总含有危机的。（二）未婚夫妇先发生生理上关系，而有良心的男子不至始乱终弃的，当然也有。就是这样，我也觉得到了正式结婚的那一天，愉快的程度也大大的减少。我所参加的友人婚礼，也遇着这种情形的，我在观礼的时候，因为知道他们的秘密，也就觉得那个婚礼是多事，是毫无意味的！问问这种人的本身，有的也肯老实说是索然无味的。惟有能洁身自爱的，到了那一天才觉得是异常神圣的异常愉快的一天。

责任 关于责任的一点，可以分几方面说。第一方面是女子的自身。天下事责任和权利是相依的；要享某种权利，先要负得起某种责任。从前的旧式婚约是全由父母作主的，父母负选择的责任；现在由本人自由选择，本人对自己便应负责任。在未正式结婚以前勿贸贸然发生不应有的关系，无论对方是何如人，总是保障自身前途幸福的事情，如对此事不能自负责任，万一发生不幸的事实，乃是自己害自己，"夫复何言"！这是我们对于一般新女子所要贡献的忠告。

父母师长 就是现在的婚姻注重自由选择，但父母师长仍是处于指导及护卫的地位，对此等事应负指导及护卫的责任，不应袖手旁观，更不应于平日静默无言，对此事无所训诲。

例如最近上海所发生的一件始乱终弃的事情，有粤籍十七岁女子唐润珠于本年三月间被合昌铜铁机器厂小主粤人萧培基

（年十九岁）所诱，怀孕后，萧允许央媒作伐，白头偕老，女以啮臂情深，已不啻未婚夫妇，乃萧于八月间重行订婚郑氏女，将唐女遗弃不顾，润珠得悉，据情告知父母，双亲引为家门大辱，将女立予驱逐，女不得已，避至戚家暂住，万分懊丧，延律师向法庭起诉。据唐女士在庭上所言，有一部分详情如下："我家与被告家本属旧谊，是以对方于萧培基自幼相识，惟伊于去年六月间常到我家闲谈，并无别事发生，直至本年三月初旬，被告以教授我英文为由，傍晚潜至楼上我之卧室，百般引诱，遂致失身，从此以后，不时到来，托词教我英文……本年正月间，我尚未失身，与被告因两相恋爱，遂偕往半淞园同摄照相一帧……至五月间我觉腹中怀孕，被告到来，我即告之，伊云我当央媒与汝父母求婚……当时我的母亲以被告时常到来，亦有疑心，遂向伊母言之，伊母答允央媒说合，但并不着媒到来，后至八月间，被我探悉被告于是月念五日聘郑氏女为室，是以只得告知父母，与被告以前经过情形，并声明怀孕已多月，双亲得悉，大为震怒，遂将我驱逐出外，我只得往亲戚母舅处暂住……"

自愿做无耻事情的女子不足道，不过像唐女士这样的事情却很可怜，她完全把未婚夫视对方，以为彼既以未婚妻视我，我何妨以身委他，便上了大当！在这种地方，她的父母便要负缺乏指导的责任。在平日做父母的人便应把不可上当的教训，谆谆训诲女子，使她心有定见，便不易受人"百般引诱"。还有一层，做父母的人，应该使女子知道婚姻的事情当公开进行，心有所爱，即当明告父母，俾父母协同观察考虑，等到"亦有疑心"，已来不及了！平日不加指导和护卫，一旦"大为震怒""驱逐出外"，于事何济？这是我们对于做家长师长的人所要贡献的忠告。

原载1929年1月20日《生活》周刊第4卷第10期，
署名编者。

尽我所有

我们常看见有许多学英文的人，遇了用得着的时候，总怕开口，所以学校里有的请了外国人教英文，遇着师生聚会或宴会的时候，常有一堆学生躲来躲去，很不愿意和他同席，更不愿意和他多谈。这是什么缘故？也许是因为他觉得自己说得不好，怕出丑。其实你是外国人，西文是你的母音，我是中国人，本来不是说英语的，我懂得多少就说多少，能说得多好就说多好，如果说得差些，我总算"尽我所有"说了出来，有不行的地方，有机会再学就是了，一些没有什么难为情！若本来自己不行，却扭扭捏捏遮遮掩掩，试分析自己此时的心理，岂不是要表示我原是不错，不过不高兴说就是了！自己没有而要装做有，这便是不知不觉中趋于"伪"的一条路上去！天下作伪是最苦恼的事情，老老实实是最愉快的事情；"尽我所有"便是老老实实的态度，有了这种态度，岂但说什么英语心里无所畏，做什么都有无畏的精神，说英语不过是一种较为浅显的例罢了。

在校里做学生的时候，在课堂里倒了霉被教师喊着名字，叫起来考问几句，胆小一些的仁兄，往往也吓得声音发抖，懂得两句的，只吞吞吐吐的答出了一句！这里面当然也有"撒烂污"的朋友，但是也有很冤枉的。既经懂了何以还有这样的冤枉？也是缺乏"尽我所有"的态度。有了这种态度，只要在自修的时候，

"尽我所有"的能力用功，答的时候"尽我所有"的知识回答，既经"尽我所有"，于心无愧，如再不免"吃汤团"，所谓"呒啥话头"，用文绉绉的话便是所谓"夫复何言"，我害怕要吃，不害怕也要吃，怕他作甚！这样一来，心境上便成了所谓"君子坦荡荡"，不至于做"小人长戚戚"了。

做学生对付功课需要这种"尽我所有"的态度，就是我们要求自身的发展，也何尝不需要这种态度。有人告诉我们说，我要升学没有钱，做不到，学生意心里又不愿，怎样好？他不知道我们要求发展，只有以目前"所有"的境地做出发点，不能一步升天的！没有钱升学诚然是不幸，但是天上既不能立刻掉下钱来，学生意的人也不见得个个都无出息，也是事在人为，我们便须利用"尽我所有"的凭藉而往前做去，否则就是立刻急死也是无用的！而且我们深信果能抱着"尽我所有"的坚毅奋发的态度往前干，不怕困难的拼命的干，总有达到目的的日子！只怕我们不干！只怕我们不能"尽我所有"！

岂但无力升学的苦青年，社会无论什么人都有他们说不出的苦痛，说不出的不满意，最需要的也是这种"尽我所有"的态度，尽量利用我们所有的能力，所有的凭藉，无论或大或小，总是"尽我所有"的往前干，干到不能干无可干再说！有了这种态度，只望着前途，只望着未来，不知道什么是困难，不知道什么是危险，不知道什么是烦闷，不知道什么是失望，但知道"尽我所有"的往前干，干到不能干无可干再说！俗语所谓"做到那里算那里"，一个人本来不能包办一切，本来只能"尽我所有"，此外多愁多虑多烦多恼，都是庸人自扰的事情！

这种"尽我所有"的态度，岂但从个人事业的立场言是非常需要的，就是我们想到社会的改进方面，也要有这种态度。即就全国不识字的人民一端而言，约占全数百分之八十，而现在的德国和日本，全国不识字的人仅达百分之十，国民的知识程度相差如此之远，想到以全民为基础的民国前途，很容易使人气馁。但是我们决不能因"气馁"而能为国家增加丝毫的进步，也只有抱定"尽我所有"的态度，一人的力量能做多少即做多少，一团体的力量能做多少即做多少，一种刊物的力量能做多少即做多少，"尽我所有"的往前干！干一分是一分！干两分是两分！前途怎样辽远，我们不管！"尽我所有"的向前猛进！

原载1929年1月20日《生活》周刊第4卷第10期，署名心水。

无若有

据说几年前某省有一位省视学某君闹了一件笑话。做省视学的人原须巡视考察本省各处的官立学校，所以这位省视学也就东奔西跑的巡视考察。他的国文很不差，英文则二十六个字母也许还念不大清楚，人各有所长，这层原不足为病；所以会闹出一件笑话者，因为他本来不懂英文而却装出十分懂得英文的样子，于是乎糟！到底怎么一回事，请让我提出来和诸位谈谈。

他有一次到一个小学校里去视察，走进一个英文课教室，那位英文教员正在那里授课。这位不懂英文的视学先生立在旁边背着手，挺着胸，睁着眼，伸着耳，严而肃之的站在那里听着。那位英文教员看见他那样神气十足的样子，以为他的英文知识一定是很高明的，提心吊胆，已经捏了一把汗，用着生平未曾使过的大劲儿拼命的教，把所有的本领都显了出来。这位视学"像煞有介事"的听了好一会儿，才大踏步的踱出教室，那位英文教员当然如释重负，才勉强的松一松呼吸。据说这位英文教员其实还不差，不过给某君的十足架子吓到那样地步，真是冤枉。

这个小学校长请到了这样一位的英文教员，原也是很费一番苦心，而且听见人说他很不差，所以平常很觉得是一件得意的事情。那天这位视学出来之后，他就欣欣然跑上去问道："你看这位英文教员怎样？"不料某君却从容的回答他道："读音不准。"这位校长听了好像冷水浇背，十分"吥趣"，等到这位视学跑到别个教室的时候，他就偷把"读音不准"的话告诉那位"蹙眉头"的英文教员，那位英文教员听了心里很不服，而且后来知道了那位视学先生的英文并不如他其先所想的那样高明，伺他视察各教室完毕走到应接室休息的时候，也跑进那里和他"瞎缠"，有意和他大讨论其 adjective，verb 的用法，某君其先还假痴假呆的唯唯诺诺，后来经不住这位英文教员的有意盘诘，弄得火上心来，板着面孔，说："你有什么大本领，一直在这里缠扰不清。"英文教员此时已到了破脸的地步，就老实的说："你刚才说我的英文不行，请你今天当面就考一考。"某君也不肯退让的说道："考就考！你把一篇东西立刻译成英文。"英文教员问译什么，视学就选定古文《桃花源记》，这位教员虽觉得有些难交卷，但在盛气之下，也只得捏着鼻子勉为其难，用了九牛二虎之力，出了全身流遍的汗，居然当场译成了交卷，不过于交卷之后，却提出一个条件，要那位视学先生当面改给他看，当面评定优劣，这一点在某君又是很尴尬的问题。但他当面当然坍不起这个台，亏他总算能够临机应变，大声嚷着道："天下有这样随便的事情！评定优劣，还要由我去召集视学会议，共同严格的评定才行……我还要叫教育厅长看看！"英文教员当然不肯，彼此噜苏了半天，到底视学的权力大些，那篇"欧化的"《桃花源记》究竟给他拿了出校。某君"凯旋"而出，拿着这篇译文，好像亡命的奔回家中，先请教友人某甲，某甲的英文原也不甚高明，听见是什么《桃花源记》，便挖苦他道："你自己懂得几个英文字？却把《桃花源记》来考起别人的英文！我却干不了！"他不得已，又去请教一位英文确实很好的友人某乙，某乙将译文仔细的看了一遍，却说全文实译得不错，大加称赞一番，弄得某君的尴尬程度更深一层！他原想设法就译文吹毛求疵，由教育厅办一件公文，把那位胆敢破坏视学尊严的英文教员申斥一番，如今无毛可吹，无疵可求，却反是一篇"译得不错"的东西，真是太为难了这位视学先生的"苋筹硕画"了！幸他总算能够临机应变，跑到教育厅去弄到一件公文，把那位英文教员"传谕嘉奖"一番。那位英文教员得到这样公文的时候，当然觉得出乎意表之外，但他想到"读音不准"的冤屈，仍不甘心，竟将和盘托出，到教育厅去控告这位省视学，后来因"官官相护"的常例，告虽告了一顿，厅里对此也就马马虎虎的了事，但某君的受窘总算"十足"，恐怕比在英文课教室时候的"神气十足"之"十足"，有过之无不及！

我们谈起这件笑话，不禁想起孔老夫子说过的几句话来："知之为知之，不知为不知，是知也。"（见《论语·为政》）某君所以跑入很尴尬的圈里去，不外乎是因为他"不知为知之"的毛病。曾子曾经劝人"有若无，实若虚"，就是有本领，也不必摆在面孔上，何况把"无"做成"若有"，变成"无若有"，安得不尴尬？其实世界上有那一个是全知全能的？所以我们对于不知道的事情就老实承认不知道，这正是光明磊落的态度，有什么难为情？若遮遮掩掩，无论一旦露了马脚——而且这种马脚终有露出之一日——更觉难堪，而虚伪的心境，在精神上已感觉非常痛苦。我们当以不学为耻，不必以不知为耻。孔老夫子又曾经说过"多闻阙疑"，可见就是"多闻"的博学者，也未尝没有"疑"。而且天下只有于学问毫无研究的人，既无所知，亦无所疑；否则就是专门的学者，对他所研究的专门学问，有心得，亦必有疑义。心得是他已求得的成绩，作为再进研究的基础；疑义是他向前求的引线，促他再进研究的动机。所以搭足架子，装出无所不知的人，自以为是自尊，其实是妄自菲薄，自摈于进步的大道。

原载 1929 年 5 月 5 日《生活》周刊第 4 卷第 23 期，署名心水。

强盗一变而为小说家

在美国渥海渥州（Ohio）的监狱里，最近有一个强盗一变而为小说家。这个犯人在狱里的号码是五二四一，姓麦飞，名约翰（John Morphy），五年前在该州麦利翁城（Marion）犯了一起盗案，捉到官里去，定罪十五年有期徒刑。

他初入狱的时候，对于小说作法，毫无所知，而且不过受了初等教育。但他入狱的时候，立志在这长期拘禁的时间内，把自己造成一个小说家。于是他着手阅读关于短篇小说的著述，同时因为他自己英文程度太浅，进了一个英文函授学校。他这样发愤的用了四年的苦工，才开始作他第一次的短篇小说，就被一家杂志采用，居然登了出来，并且非常赏识，写信叫他继续的做。据说旧年一年里他继续的作他的短篇小说刊登杂志，共得稿费金洋七千圆（合中国国币在一万四五千圆，每月竟有了一千圆以上的收入）。

这件事情被州长杜纳海（Gov. Donahey）所知道，就把他减刑，于本年三月一日起试放以观后效。那一天这位由强盗出身的小说家欣欣然把一只衣箱装好，由渥海渥州买了一张火车票直往纽约，和几位出版家商售他近著的一本小说，现在已有买主，几个月内即可出版。他靠着他的一枝笔，虽监狱铁门的牢固，亦关不住他！

　　在下报告这件事，当然不是说强盗有什么提倡的价值，也不是说坐监牢是一件什么可喜的事情；我们所要特别注意的是人材高下，视其志趣，苟不甘下流，力自奋勉，有决定不移之志，有勇猛精进之心，虽强盗尚有去恶从善，蔚成著作家的希望，常人更不消说了。这是第一点。

　　一个人不怕目前的学识程度浅，根底薄，只怕不肯求进步，无心求进步。像麦飞只受过初等教育，英文程度又浅，居然因四年的勤奋，成了一位著作家，可见要使浅的程度变成深，薄的根底变成厚，全在人为。这是第二点。

　　人家敬重或唾弃，其权似乎在人，其实仍是在己。做了强盗便受社会的唾弃，做了著作家便受社会的敬重。一个人只要自己咬紧牙根，力图自强，不必孜孜于求人知，不必以凡人的毁誉而撄其方寸。这是第三点。

　　原载 1929 年 5 月 12 日《生活》周刊第 4 卷第 24 期，署名秋月。

吃尽资格的苦

我读了贵刊第四卷第八期"读者信箱"栏里涂小甫君所做的《大学毕业生》一文，觉得非常切要。社会上感受这种痛苦的人当然不少，我是感受这种痛苦很深切的一人，所以我不免要借此发几句牢骚的话。我可以说现在的人，只要有财产，能够进中学，而大学，或师范毕业出来的人，个个是人才。没有财产的人，不能进高深学校，那是永远不会是人才。现在的社会何等势利！商界我不熟悉，至于各行政机关及教育界，非资格不行。倘然是一个大学毕业生，要谋一件事，不论他有才没有才，对于事的会办不会办，人家总是一诺无辞。若是一个小学毕业生，或是连小学未入过的人，无论他办事如何切实，学力如何充分，要向人家谋事，人家连正眼都不来看你，纵然有一些事给你做，也不过是些书记庶务之类。我不是说书记庶务不屑做，可是克尽厥职的做，人家总认你是一个小鬼，不加青眼，而且是一朝天子一朝臣，等到一个校长或局长走时，就要连带解职，即使有飞天本领用到那里去呢？涂君所说的："……若再老实说：我是小学毕业的，慢说被求的不来录用，他不说你再去读二年书，再来做事，已算是客气的了。"这几句话，的确是现在势利社会的通病。先生所说的"……他人岂因此而轻视他吗？断无是理"。先生！你是贤达君子，所以不会如此，岂知社会上都是庸碌之徒，有几个人能这样实事求是呢？其中有多少才能之士，因资格而终身埋没，那是何等可叹啊！

（下略）

朱逸民

答：

社会是多方面的，一类的事实也有多方面的，像朱君所慨叹的社会上盲目的只重资格而不重"真才实学"，我们当然承认目前的中国确有一部分不免有这种不平的现象，就是编者个人闻见所及，也就不少。例如我国很著名的书业某机关，里面对于编辑员就很有这种趋势，中学不必说，你在国内大学毕业的，至多每月送你七八十元至一百二三十元，只要你挂了一块留学生的招牌，做的事情尽管一样，起码一百六十元。我有一位好朋友，可说是学贯中西，在那里面做了好几年，因为缺了一块留学招牌，做来做去还是一百二十元，眼看许多"饭桶"留学生（这是只指"饭桶"的一派，当然也有好的），坐享厚薪，做出来的东西，往往狗屁不通！有一次有一位什么德国留学生，做了一本游记，简直别字连篇，文笔疙瘩到了极点，因为来路大，该机关的编辑主持者不便拒绝，交给我这位朋友校订，被他修改了十之六七，修词方面差不多是他完全代做。他费了一番工夫，在书末著作者姓名旁边把自己校订的名义加了进去。后来这本书出版的时候，只有著者的姓名，并没有校订者的姓名，无非是因为校订者的牌子似乎不及那位写别字的朋友牌子"硬",所以"白校订",让那位写别字的大好佬"掠人之美",在主持者也视为极公平的事情!后来这位朋友靠他的"真才实学",另有好机会,便辞职高就。社会上往往有同样的事情,叫留学生来做,给他一种特别好的待遇;叫国内大学毕业生来做,便给他一种差些的待遇;如叫连大学牌子都没有的人来做,又要给他一种更差些的待遇。他们并不以事为对象,却以空资格为对象,这当然是很不公平的待遇。所以朱君的"牢骚",我们不能说他完全是"无病呻吟"。

我在上面所说的话,不过助朱君张目吐气。但平心静气想一想,这种现象不过是局部的,并不是概括的。

其实,我们虽反对徒拥虚名的资格,而确有实际的资格却也未尝不可重视。倘若不是有名无实,则中学毕业者的学识能力,因研究的年数比较的多几年,当然应该比小学毕业者好些;大学毕业者的学识能力,因研究的年数比较的又多几年,当然应该比中学毕业者更好些;留学毕业者的学识能力,因国外学校设备之比较的完备,教授程度之比较的高明,当然应该比国内毕业者更要好些。所以我们倘有了名实相符的一个条件,有的事情,确须留学生而非国内大学生所能胜任者(这当然是目前的情形,将来国内教育精进之后,便不至如此),尤其是高等专门的学术;有的事情,确须大学程度而非中学生所能胜任者;有的事情,确须中学生而非小学生所能胜任者。不过这种实际的资格,有的地方不一定要取得学校的牌子,或衔头,也可以由自修,由在社会上从小做起,边做边学,经过若干年后,有相当实际的经验阅历,因而造成专门的学识才能,获得实际的资格。朱君所引在下答涂君的话:"……他人岂因此(指仅小学毕业)而轻视他吗?断无是理。"我的意思并不是仅仅小学毕业便可以引起别人的重视，是说不以小学毕业自封，能奋斗向上努力，得到相当的学识能力，做他所能做的事情，到了这个时候，决没有因为他从前不过是小学毕业而轻视他，而且还要特别的敬重他。我们前次答复涂君的一番话，因为涂君既无力升学，又以资格为虑，似乎资格非由升学是绝对得不到的。我们就他所处境地，告诉他名实相符的资格也可由服务及同时自修而渐积成功的，只须有实际的能力，别人决不至轻视他。我们的向上努力，向上奋斗，势不得不从自己所处的境地做出发点，既无力升学，便须另走一条可通的路向前干。

原载 1929 年 6 月 2 日《生活》周刊第 4 卷第 27 期，复信署名编者。

无所不专的专家

　　天下无万能的人，也很少一无所能的人（除非自己糟蹋掉），倘知各就自己天赋能力的大小及趋向，加以培植，加以修养，加以学力，加以经验，各自用得其当，就所专攻的学识经验以从事专业而贡献于社会，在己则能使固有之天才获最大限度的发展，在社会则能因此而获得最大限度的裨益，此专家之所以可贵。

　　但在我国往往产生许多无所不专的专家。试略回想从前的政界，有人今日做司法总长，隔几时可以做教育总长，再隔几时又可以做内务总长……各部的什么长，在名称上似乎是各有所专，在别国是要选各得其所的专门人材充任，在我国则凡是做了大官的人就无长不可做，这是无所不专的官僚专家，到现在此种风气还是不免。这种风气所由来，当然有很深远的历史背景。我国从前虽有所谓士农工商，但农工商是够不上受人尊崇的，只有"士"是受人尊崇的，所以一钻入私塾，就可以听见什么"惟有读书高"的声浪，而所谓"士"者即是无所不专的专家，只要读过四书五经，什么都可以干！"相"是文的，"将"是武的，而读书人却可以"出将入相"，到了外面可以做将，一到了里面去就可以一变而为了相！医生原是一种很专门的事业，但在"医"字之上却加一个"儒"字，称为"儒医"，儒者是读书人也，于是读书人不但可以"出将入相"，又可以由旁路一钻而做"医"！

到了现在，环境虽不无一部分的变异，而这种深入人心的"遗风余韵"还暗中滋长着，于是往往虽受有专门的教育，而却不安其分，不肯专其所专，却喜欢掮出无所不专的虚浮的花样来，在社会上瞎混！有某君在文学上有了努力，并得到相当的名誉，却抛弃了他的特长和已往的经验而分心于别的不相干的事情。有某君在教育上有过相当的学识经验，不从这方面有所译述，忽然乱七八糟的发表些经济学上的译著，法学上的译著，政治学上的译著，反给真正有研究的人批评得焦头烂额。诸如此类的不经济的行为，不但于社会上是有害无益，而且把本人所固有的多少天赋，也随之埋没，未免可惜。

最好笑的是本国产生了鹜外虚浮的无所不专的专家，遇有外国的专家到了，往往也把这样的态度来对他。例如美国的克伯屈博士，他固然是美国教育界的名宿，但他的特殊贡献是在"教育法原理"，不是包办教育上的一切，而到了中国之后，我国的许多大教育家却分列日期，第几日要他讨论大学教育，第几日要他讨论中学教育，第几日要他讨论初等教育，第几日要他讨论职业教育，第几日要他……好像几十代祖宗在教育上未解决的一切问题都要请他来解决一下！我够不上做教育大家，当时未曾列席，不过我看报上发表了这样的日期表，念他未曾做到"中国特产的无所不专的专家"，颇替他担忧。后来在报上看见他对于各日讨论的无所不专的教育问题，所答的话里面好几处是说："这个问题，我不敢妄断，你们是要根据中国的特殊情形去解决的。"这不是这位专家"吃瘪"，实在是他未曾做到我国所崇拜的"无所不专的专家"资格！

中国"无所不专的专家"所以遍地皆是，阻碍真正事业的进步，他们本人不自量，无自知之明，及好出风头，固然是自己害自己，而社会却也不能辞其咎，因为一个人无论你专了什么，一旦成了什么名人，社会上人便当你是万能。这里请你做校董，那里请你做董事；你的文章尽管狗屁不通，有人争先恐后的请你做序文；你的字尽管写成鬼样子，有人争先恐后的请你题签；甚至包医花柳病的广告上，也要拉你写一个尊姓大名！

无所不能的人实在是一无所能，无所不专的专家实在是一无所专，即有一知半解，决难有深入的研究与心得，更说不到对社会有真正实际的贡献，不过把浮薄的虚声，大家骗来骗去罢了。

天下无万能的人，人贵有自知之明。为己身事业计，为社会进步计，这个观念都有认清楚的必要。

原载 1929 年 7 月 7 日《生活》周刊第 4 卷第 32 期，署名心水。

消极中的积极

据在下近来体验所得，深觉我们倘能体会"消极中的积极"之意味，一方面能给我们以大无畏的精神和勇往迈进的勇气，一方面能使我们永远不至自满，永远不至发生骄矜的观念。

孔老夫子是我国历史上的一位伟人，他视富贵如浮云，是何等的消极！据他的一位很刚强的弟子子路说，他明明是"道之不行，已知之矣"，又是何等的消极！但是他却不赞成当时长沮和桀溺（均与孔子同时的隐者）一流人的行为，他自三十五岁起由鲁国往齐国，周游列国，仍冀于无可为之中而或可获得多少的结果，一直奔到六十八岁才回到鲁国。孟子说他"三月无君则皇皇然"，则又何等的积极！

无论何人不能不承认孙中山先生是我国近代史上的一位伟人，据他自述："……虽身当百难之冲，为举世所非笑唾骂，一败再败，而犹冒险猛进者，仍未敢望革命排满事业能及吾身而成者也……"以孙先生的眼光与魄力，在当时还是"未敢望革命排满事业能及吾身而成"，其消极为何如？但是"未敢望"尽管"未敢望"，却能于"一败再败"之余"而犹冒险猛进"，其积极又何如？

以"道之不行，已知之矣"为背景，以"未敢望及吾身而成"为背景，可以说是以消极为背景；以消极为背景的积极进取，不知有所谓失望，不知有所谓失败，因为失望和失败都早在预期之中，本为常例，不是为例外。世之不敢进取者无非怕失望，无非怕失败，以消极为背景的积极进取既不怕什么失望，也不怕什么失败，则明知向前进取尚有上面所谓"例外"者可得，坐而不动则永在上面所谓"常例"者之中，两相比较，还是以进取为得计；况且进取即不幸，至多如未进取时之一无所获，则本为消极的意料中所固有，静以顺受，无所怨怼。所以我说"消极中的积极"能给我们以大无畏的精神和勇往迈进的勇气；只有不怕失望不怕失败的人才有大无畏和勇往迈进的精神。

我个人对于人生就以消极为背景，我深信有了以消极为背景的人生观，然后对于事业才能彻底的积极干去。我记得陈畏垒先生在他所做的《人生如游历的旅客》一文里有这样的几句："我们此地不能讨论到世界的原始和宇宙的终极，但是我们每一个小我的人生，所谓'上寿百年'，年寿上是有限制的，古人说'视死如归'，虽没有说归于何处，而大地上物质不灭的原则是推不翻的，我们不必问灵魂的有无，我们可以说我们最后的归宿便是形体气质——仍归于所自生的世界。宗教家言所谓来处来，去处去，我们要改为来处来，还从来处去。承认了这一个前提，那么我们自少而壮而老这一段生存的时间，岂不是和'旅行'没有两样？"我完全和他表同情，我所以对于人生以消极为背景，也是因为感觉"每一个小我的人生"在"年寿上是有限制的"，"我们最后的归宿"都不免"形体气质——仍归于所自生的世界"。有了这样的感觉，我们便应该明澈的了解：我们所能做的事只有竭尽我们的能力，利用我们的机会和"生存的时间"，能为社会或人群做到那里算那里，决用不着存什么"把持"或"包办"的念头。再说得明白些，有一天给我做，我就欣欣然聚精会神的干去；明天不给我做，也不心灰，也不意冷。为什么呢？因为我想得穿了，我横竖要"仍归于所自生的世界"，我只能有一日做一日，有得做便做，没得做便找些别的做；我做了三十年四十年，或做了数天数年，在人类千万年的历史上有什么差异？如能给我多做几年或几十年，只要我做得好，在此有得做的时期内，已有人受到我的多少好处；做到没得做的时候，要滚便滚。有了这样的态度，便能常做坦荡荡的君子，不至常做长戚戚的小人；不但失望失败丝毫不足以攫吾心，就是立刻死了（奋斗到死，不是自寻短见的死），也不算什么一回事。

反过来想，就是有些成就，以我们在"年寿上是有限制的""一个小我的人生"，其所作为在人类千万年历史上的事功里，所占地位之微细或犹不及沧海之一粟，只有尽我有涯之生向着无穷尽的路上前进，做多少算多少，有何足以自傲之处？所以我说"消极中的积极"能使我们永远不至自满，永远不至发生骄矜的观念，因为只有能把眼光放得远的人才能"矫首望八荒，乾坤一何大，安荣无遽欣，患难无遽戚"（曾文正《不求》诗中语）。

原载1929年9月22日《生活》周刊第4卷第43期，署名心水。

绝对靠得住的是谁？

绝对靠得住的是谁？这个问题似乎很难得到一个绝对的答案。据心理学家郭任远先生的研究，他大概在人类里面寻不出绝对靠得住的是谁，所以他以为只有狗最靠得住。他很表同情于美国上议院议员佛斯德（Vest）说的这几句话："在这个自私自利的世界上，人们唯一的绝对无私的朋友就是他的狗。无论贵贱贫富，无论饥寒饱暖，狗都不肯离开他的主人……"这样不知世态炎凉秘诀的狗，确是在人类中不容易寻得出的，怪不得郭先生欣然自认是"和动物发生恋爱的疯子"了。但是我觉得狗虽不无用处，到底是畜类，不能和我们谈话，不能和我们商量，超出某限度的时候也不能帮助我们解决困难，所以我虽也佩服狗的靠得住，却仍想试在人类里面找找看，究竟有无绝对靠得住的。

有人说绝对靠得住的似乎莫如自己的母亲。母子之爱是天地间最至诚的爱，这句话大部分似乎是很对的，但是有的时候也不一定能绝对的靠得住。传说悟一贯之旨，传孔子之道，述《大学》、作《孝经》，后世称为宗圣的曾参，性至孝，其母又以慈闻，但据《国策》里说，"人有与曾参同姓名者杀人，人告曾子母曰：'曾参杀人。'母曰：'吾子不杀人。'织自若。有顷，人又曰：'曾参杀人。'母尚织自若。顷一人又告之曰：'曾参杀人。'母惧，投杼逾墙而走。"以曾子之贤，而其母竟终不免无稽妄言之摇惑，绝对靠得住吗？至于现在新旧思想常在冲突的时代，做母亲的常因顽固成性，对子女婚姻的无理压迫，更时有所闻，靠不住的更多了。

亲生的子女绝对靠得住吗？谁敢担保！女儿是终要跟着他人走的，至讲到儿子，善于观人眸子的孟老夫子就说："人少则慕父母；知好色则慕少艾；有妻子则慕妻子。"老孟当时研究过"实用心理学"与否，我们不得而知，但是他这几句话似乎很能写透一般人的心理。

有人也许以为常人称为"终身伴侣"的夫妻，总可以绝对的靠得住了。却也未必！男子弃旧恋新的随处都是，女子有许多并不是真心爱悦她的丈夫，不过自己不能自立，就是觉得对方讨厌，或有所不满意，因为要靠着吃饭，也只得小心把这个"饭桶"保护周到，不要让他打破。我常觉得她觉得他本身真可爱悦而护他，可谓之爱护；她心里并不觉得他可爱，不过因为没有法子另选爱人，又不得不靠他吃饭，才不得不护他，只得勉称保护——保护靠着吃饭的饭桶！你这个饭桶不够吃的时候，吃饭的人便不见得和你表同情了！

俗语说"在家靠父母，出门靠朋友"，朋友是否绝对靠得住？则请听听韩退之为柳子厚作墓志铭所说的几句牢骚语看："呜呼！士穷乃见节义，今夫平居里巷相慕悦，酒食游戏相征逐，诩诩强笑语以相取下，握手出肺肝相示，指天日涕泣，誓生死不相背负，真若可信，一旦临小利害，仅如毛发比，反眼若不相识，落陷阱不一引手救，反挤之又下石焉者，皆是也。"交朋友原来是穷不得的！怪不得韩老先生慨然"呜呼"起来。

有靠得住的慈母的人，有靠得住的子女的人，有靠得住的爱人的人，有靠得住的朋友的人，听见我在上面说的一番话，也许要大不以为然，但是我要请注意的，我不是说这里面许多人都是绝对靠不住的，我的意思是说有可靠有不可靠，也许其先可靠后来不可靠，不是都能绝对的可靠。

那末除了非我同类的狗之外，绝对可靠的究竟是谁？我以为绝对可靠的只有自己。你无论如何穷困，你自己总是伴着你自己；你无论如何倒霉，你自己总是不离你自己；就是你上断头台，像法国女杰罗兰夫人那样慷慨悲壮的上断头台，她自己的那个嘴巴还要替她说出几句慷慨悲壮的至理名言。

曾文正曾经说过："凡危急之时，只有在己者靠得住，其在人者皆不可靠。"这是他由经验阅历中得来的教训。

这样观察在我们似有受用处：既知绝对靠得住的只有自己，则对于自己的能力须加意训练，丝毫不可存倚赖或侥幸的念头，也不必存怨天尤人的念头，只一往直前的力求自强。曾文正写给他老弟的信，还有几句很动人的话："困心横虑，正是磨练英雄，玉汝于成。李申夫尝谓余怄气从不说出，一味忍耐，徐图自强，因引谚曰：'好汉打脱牙和血吞'，此二语是余生平咬牙立志之诀……弟来信每怪运气不好，便不似好汉口气，惟有一字不说，咬定牙根，徐图自强而已。"

这不是他劝人做消极的容忍，是说对别人发牢骚无用，要自己振作自强起来才有办法。

原载 1929 年 10 月 13 日《生活》周刊第 4 卷第 46 期，署名心水。

挨　骂

伟大如孙中山先生，一生为我们的民族自由平等尽瘁，但是他就一生挨骂，他自己在"自传"里就说："当初次之失败也（按指一八九五年广州之役），举国舆论莫不目予为乱臣贼子，大逆不道，咒诅谩骂之声，不绝于耳。"甚至到他临逝世的那一年，由广州到上海，上海英人办的《字林西报》还发出孙先生不应住在租界的狂吠（详见黄昌谷先生讲述《中山先生北上与逝世后之详情》）。我想中山先生如果不能挨骂，决不能为中国奋斗至四十年之久，早就气死了。

林肯也总算是美国的伟大人物了，他为废奴及维持美国南北统一而奋斗，也是一生挨骂，甚至有人骂他不是人，是一个猴子由人加以衣冠而利用作傀儡的。我想林肯如果不能挨骂，决不能为美国奋斗至十余年之久，早就气死了。

即如本刊最近所屡次论到的德国逝世未久的史特莱斯曼，当他救国最力之时，即他挨骂最烈之日，他的救国事业实无时不在挨骂的荆棘中过去，挨骂简直是他的家常便饭。我想史特莱斯曼如果不能挨骂，决不能为德国奋斗至六年之久，早就气死了。

所以我们遇着挨骂的机会，无须烦闷，无须着慌，无须胆怯。有的时候，尤其是在我国的社会里，只要你肯努力，只要你想有什么小小的贡献，便有了挨骂的机会，最好是你不要努力，最好是你不要想有什么小小的贡献——大贡献更不必说——那才得安闲无事！

话虽如此，但是如骂得不错的，我们却也应该虚怀容纳，因为我们深信天下无绝对完善的人，无绝对完善的事，最重要的是要常常虚心诚意的在那里努力求进步，如果被人骂得对，正是多一个改良的机会，也便是多一个进步的机会。

听到骂得有道理的话，诚宜猛自反省，从善如流；听到无理取闹的话，只得向往先贤坚苦卓绝的经验，藉以自壮胆力与进取的精神，仍是要努力向前干去，仍是要尽心力向前干去。

原载 1929 年 11 月 17 日《生活》周刊第 4 卷第 51 期，署名编者。

校长供开刀

进过老式私塾读书的人，大概总读过两句文绉绉的话，叫作"文章教尔曹，惟有读书高"。现在的学问有了各科的专门，就是种田炼铁造房子开汽车等等都成了学问，不是仅仅能够胡诌几句"文章"便算有了天大的本领，这固然是不消说的；不过觉得"惟有读书高"而蔑视劳工神圣及努力工作自助的错误心理，仍是很难洗涤得干净。老友刘湛恩先生现任沪江大学校长，对于他自己头上那几根头发向来是很随便的，但是往往采取放任主义，没有工夫使它怎样整齐。前天他来晤谈，我瞧见他头上那漆黑一团的东西却修得很整齐，梳得很平服，问后才知道他是刚破钞了五块大洋请他校里的一位高足开刀的。原来他校里有一位同学王瑞炳君清寒好学，当他未入沪江之前，在某处担任小学教员的时候，当作玩意儿的学会了剪发的技能，近因困于学费，有志努力自助，刘先生听他有这样的本领，便慨然把他自己的一颗头给他实验，结果非常满意，并未曾累他头破血流，刘校长于惊喜之余，奖借有加，欣然从腰包里挖出亮晶晶的东西五块，送他作为开刀大吉的贺仪，听说王君现在生意兴隆，颇可藉此自给。我们觉得刘先生之不惜大好头颅，积极提倡有志青年之努力自助，及王君之毅然操刀一割，一洗寻常读书人轻视劳工的恶习，都值得我们的敬佩。

刘先生的夫人王立明女士对家务全用新法，诸事躬亲，对于社交也很注意，他们伉俪因常请朋友聚餐，忙不过来，特招请本校学生中之愿任堂倌者相助，每小时工资两角半大洋。招了许久，学生中对于堂倌一职究竟有些羞答答的未便走马到任，但最近居然也招到了一位。听说该校对于学生自助求学，提倡不遗余力，以上两事不过是两个例子罢了。

我觉得这种事情，物质上的报酬尚在其次，而鼓励自立的精神，实含有很大的价值。讲到这一点，我觉得陶行知先生做过的一首白话诗很有点意思：

> 滴自己的汗，吃自己的饭。
>
> 自己的事，自己干。
>
> 靠人，靠天，靠祖先，都不算好汉。

原载1930年1月12日《生活》周刊第5卷第7期，署名韬奋。

明哲保身的遗毒

富有阅历经验的老前辈，对于出远门的子弟常叮咛训诲，说你在轮船上或火车上，如看见有窃贼或扒手正在那儿偷窃别个乘客的东西，你不但不可声张，并且要赶紧把眼睛往旁急转，装作未曾看见的样子，免他对你怀恨。这样几句很平常的寥寥"训话"，很可以表示传统观念遗下来的"明哲保身"的精神。

有了这种精神浸润充盈于大多数国民的心理，于是大多数国民便只知有身，不知有正谊公道，不知有血气心肝，不知有国，不知有民族。所以当八国联军攻破京津时，顺民旗随处高悬；当联军占据北京时，该处绅士至请联军统帅瓦德西大看其戏，优礼迎迓；当天津尚在八国联军手里，该地绅士居然歌功颂德，鼓乐喧天的恭送匾额给德国将帅。所为者何？亦不外乎明哲保身而已矣！

对外存着这种明哲保身的态度，简直只要这条狗命可得忍辱含垢活着，国家尽管受侮，民族尽管受辱，都可以淡然置之，泰然安之，因为这种人所求者只不过明哲保身而已矣！对内存着这种明哲保身的态度，贪官污吏尽管横行，武人祸国尽管内乱，做国民的却尽管袖手旁观，各人只要一时苟延残喘，什么话都不敢说，什么意见都不敢提了。发了财的舆论机关，号称民众口舌，只要极简单的做几句模棱两可不着边际不痛不痒的社论或时评，所沾沾自喜者，每年老板可有二十万三十万的赢余下腰包，以不冒风险为主旨，拆穿西洋镜，亦不过明哲保身而已矣！

全国对内对外大家受着明哲保身的遗毒，以只顾自己一条狗命的苟延残喘为唯一宗旨，于是结果如何？在内则纵任少数人之倒行逆施，斫伤国脉，兵匪遍地，民不聊生，死于天灾者动辄以数百万人计，死于兵祸者动辄以数十万人计，这种死路都是大家但求明哲保身之所赐！在外仅就近事言，济南之变，白受日人惨杀的中国国民几何人？这种死路至少也是大多数国民对内对外人人但求明哲保身所直接间接酿成的惨剧！

最近上海由中国人开的大光明戏院开演侮辱中华民族的有声电影《不怕死》，洪深先生激于义愤，当场对观众演说，该院总经理中国人高镜清先生先则嗾使其所雇西人经理加以侮辱殴打，继则传唤其所恃西捕老爷加以拘捕管押，大概高先生也是深明中国人明哲保身的心理，自信很有把握，初不料洪先生却不是一个谙于明哲保身道理的人！我并觉得我国不谙明哲保身的人太少了，所以引起上面所说的一大拖感触，以为做今日内忧外患的中国人，应该人人养成不怕死的精神，为主持正谊公道，为力争国家民族的荣誉生存，就是一死也心甘意愿。其实做今日的中国人已经生不如死，就是这样的死去，反可以救救以后未死将死的许多惨苦同胞。我们要人人铲除明哲保身的遗毒；要把自己个人的生命看得轻，所属民族的荣存看得重；否则生不如死，何贵乎生？

历史上杀身成仁慷慨赴义的志士先烈，他们心性里最缺乏的成分是明哲保身的遗毒，最充分的是不怕死的精神——为主持正义公道，为力争国家民族的荣誉生存不惜一死的精神。我国人受明哲保身的遗毒太多了，四万万五千万国民里面具有这种不怕死的精神者能渐渐增加若干人，即中国起死回生的希望能渐渐增加若干程度。

　　原载1930年3月16日《生活》周刊第5卷第14期，署名心水。

无乐观悲观之可言

做今日的中国人，够不上乐观，用不着悲观。我们睁开眼睛看看国事，能指出那几件事使得我们做国民的人可以乐观？再睁开眼睛看看社会的现状，能指出那几件事使得我们身居其中一分子的人可以乐观？除国事与社会现状外，除少数阔老及席丰履厚的享福者外，大多数平民各人有各人的苦况，真所谓一言难尽，呼吁无门，那几个人对自己可以乐观？乐观与否，就大多数民众言，是要受事实所限制；四方八面寻不出乐观的事实，便无乐观之可言。有人每日看报愈看愈动气，于是发誓不看报，采用闭着眼睛乐观的政策，但是眼睛尽管闭着，不能乐观的事实仍然四平八稳的存在，绝不因此消灭。倘若人人都采用闭眼政策，好像一群瞎子挤在一条黑弄子里，更永远没有得见天日的希望。有人听见东西各国在事实上比我们进步快，愈比较愈觉得我们事事落伍，事事不行，往往不问事实究竟如何，大大的埋怨供给这样比较材料的人，好像如果绝对不提起别人的实际情形怎样——尤其是进步的情形——我们掩着耳朵不愿听他们向前跑到了什么地步，我们尽管踱方步，或竟向后转，也可以不至悲观。这种心理可以称为掩耳的乐观政策，殊不想耳朵尽管掩着，别人进步很快的事实仍然存在，我们进步很慢的事实仍然存在，在别人无所损，在我们却因为做了聋子而故步自封。

　　闭眼政策和掩耳政策既均不能消灭不能乐观的事实，所余下的似乎只有悲观了，但是悲观难道就能消灭不能乐观的事实吗？悲观之不能消灭乃至减少不能乐观的事实，与闭眼政策和掩耳政策无异，所以我们诚然够不上乐观，也用不着悲观。

　　我们对江苏悲观，也许可跑到浙江去做浙江人；对浙江悲观，也许可跑到安徽去做安徽人；但是如对中国悲观，终究还是要做中国人，不能随我们的意思丢了中国去做美国人，英国人，所以我们既不由自主的生而为中国人，对中国只有一条路走，就是尽我们的力量往前干，随你乐观也好，悲观也好，觉得前途有望也好，无望也好，你只有向前干的一条路走，没有别条路走。我每想到这一点，就觉得无乐观悲观之可言，只有各尽我们的力量往前干。觉得国内事事落后，你既跳不出这一国的圈子——因为逃到天边地角还是个中国人——只有尽力使她不落后；觉得外国压迫得厉害，你既跳不出这一国的圈子，也只有尽力使她充实抵御的能力。成败利钝都说不到，只有往前尽力干去，干得一分是一分，干得两分是两分，暂时干不好，还得继续不断的干。除了这样尽力往前干的一条路外，并没有别条路走。既然只有向前的一条路走，不悲观要走，悲观也要走，不过悲观使你走不动，反不如不悲观的向前进，走进一步是一步，走进两步是两步，鼓着勇气继续向前！扎硬寨，打死仗！

　　原载 1930 年 9 月 14 日《生活》周刊第 5 卷第 40 期，署名心水。

无形的考试

我们在学校求学的时候，大家都经过所谓考试：自《考试院》成立后，迭颁各种考试规程；社会上用人的机关，亦渐多采用公开的招考：凡此种种都可说是具有形式的考试。除此有形的考试之外，还有一种无形的考试。这种无形考试的时期是做到老考到老，死的时候才是停考的时候；这种无形考试的题目是做完一个又来一个，做到死还做不完。我们对于这种无形的考试也须有一种拿得稳的正确态度，然后才能成竹在胸，镇定对付。

无形的考试虽然无形，但是我们倘若要有相当的成绩，须用点脑子替自己定一个适当的范围，在此范围内做尽量的努力。大才小用固然可惜，小才大用也要糟糕。我们一方面要彻底明瞭人不是万能的，一方面要彻底明瞭世上的事业是无穷尽的，我们倘以有限的精神才力而昏骛于不甚相当的多种事务，捉襟见肘，疲于奔命，不如就自己性之所近力之所及，聚精会神的干一件可以干的事业，加以充分工夫，持以恒心毅力，滴水不辍，可以断崖，精诚所至，金石为开，这一本考试卷子必有可观。据纽约电传，某广告公司邀请世界著名滑稽电影明星卓别灵演说，每刻钟愿出五千金镑，且不限其演说题材，卓别灵说："卓别灵是买不动的，我的表现工具是做戏，不是演说。"这种精神，便是他在自己所特创的滑稽电影剧的艺术上成绩特优的重要原因。若只会做戏而偏要演说，便决不会有好卷子。

有形考试的时间短的二三小时，长的也不过几天分开来考，这样几小时或几天的工夫，考者比较的尚易于忍耐得下。无形的考试——尤其是定了范围有了目标以后——少则数十年，多则终身尽瘁于此，这样长久的考试期间，不但需要充分的奋斗能力，并且需要充分的忍耐工夫。在此长时间内，没有充分的奋斗能力，固然不能振作有为，虽能奋斗而没有忍耐的决心，则一遇挫折，即急流勇退，或虽至二次三次以至多次的前进，而终于发生灰心悲观消极颓废等等病症，还是要考得一塌糊涂，甚至有人索性自杀——这就是逃考。考卷要好是要做的，逃考当然做不出好卷子来。孙中山先生最足令人佩服的地方便是他永远"考"不倒，他为中国民族自由平等奋斗了四十年，其中经过十次大失败，无数次的小失败，在在都有使他丢掉考卷或逃考的机会，但他总是硬着头皮应"考"，末了他还觉得自己的考卷未曾做完，交给后来的同志做下去。四十年做一本卷子还没有做完，性急的朋友往往并未曾做，或做而未得力，或虽得力而仅知奋斗不知忍耐，奋斗愈激，因缺乏忍耐力而更易趋入悲观，经不起长时期的考试。无形的考试非经长时期决不会有好成绩的，既经不起长时期的考试，考得不好，怨谁?

最后还有一点：有形的考试不过把已准备好的成绩表现出来，无形的考试不仅表现已准备好的成绩，同时还能随时随地在"考试"中得到经验，增富自己的能力。故在无形的考试中，学习和"考试"可以说是同时并进的。

原载 1931 年 3 月 7 日《生活》周刊第 6 卷第 11 期，署名心水。

人生意义

（上略）

我是一个学科学的人，尤其是学科学中最难学的一种物理学，我受科学的陶冶已有十余年，所以在科学上得到的知识也不少，尤其这几年在大学毕业之后，即在母校本系服务，事情虽忙，但是学业的进步尤较学生时代为甚。所以单在学问的方面说，将来或可有一点希望，也未可知。不过我们学科学的人终日是和 ABC 同实验室里的仪器过着生活，对于人情方面是非常冷淡。因此一直到现在，只觉得科学是有兴趣，而不知人生是什么了！

在我们所研究的物理学上说：宇宙间的一切皆是由于阴阳二电子构成，所以人也是这两种东西构成的，因而人是等于物的，人的生死不过是物质的变化，并不是消灭的，所以人的生死，依这种眼光看去，是一点无意义的。生死既无意义，那末人生还有什么意义？再进一步说，以宇宙这样的大，我们人体这样的小，时间这样的长久而无穷，人生寿命这样的短促，所谓人生的快乐悲哀，皆成为一瞬间的幻影，诸如此类的推想，人生还有什么意义呢？

　　有一次我同一位朋友谈话，他看我太消极了，他说人要努力奋斗，我说人就是努力奋斗又怎样呢？他说世上的成功皆是由人之努力奋斗而来。我说就是努力奋斗有了成功，那又怎样呢？人在希望未达到的时候，以为希望达到了，是非常之快乐，但是到了你希望达到时候，你也不觉得是怎样的快乐了。人没有饭吃，以为饭可以救命，及有饭吃，也不以为饭是可贵了。再深说句，古时的所谓圣贤俊杰，现在也不过是氢氧碳磷，现在的大人先生，也不过是一时的食色的逐鹿而已！这又有什么意义呢？

　　在我们所研究的科学上讲起来，与其他的学问又有不同的地方，我们所得到的训练，就以我们最精密的科学，尚不能得到宇宙间正确意义，其他的学问更不必谈了；所以世界上的各事是无是非的，所谓是非，不过各是其所是，各非其所非而已，是非是依环境而定，此种环境以为是而换一环境则以为非矣。世界上无正确无是非，那末人生还有什么正确与是非，人生无正确是非，所以人生无意义。

　　我对于人生哲学的书是没有读过，这完全是我个人科学的人生观，不过我因为时间的关系，现在不能多写，以上不过是略写一点，不知编辑先生有如何的答复与批评，能使我有所满意也。

X

答:

关于人生的意义问题,记者觉得《生活》第三卷第三十八期里登过一篇胡适之先生答某君书,其中有几句话颇有参考的价值,我现在撮述几句如下:"我细读来书,终觉得你不免作茧自缚,你自己去寻出一个本不成问题的问题:'人生有何意义?'其实这个问题是容易解答的。人生的意义全是各人自己寻出来,造出来的:高尚,卑劣,清贵,污浊,有用,无用,……全靠自己的作为。生命本身不过是一件生物学的事实,有什么意义可说?生一个人与一只猫,一只狗,有什么分别?人生的意义不在于何以有生,而在于自己怎样生活。你若情愿把这六尺之躯葬送在白昼作梦之上,那就是你这一生的意义。你若发愤振作起来,决心去寻求生命的意义,去创造自己的生命的意义,那么,你活一日便有一日的意义,作一事便添一事的意义……总之,生命本没有意义,你要能给他什么意义,他就有什么意义。与其冥想人生有何意义,不如试用此生作点有意义的事……"综结胡先生这几句话,有两点很可以特别的注意一下:第一点是人生本来是没有意义的;第二点是人生的意义是靠各人自己造出来的。这两点我都表同意,不过我却不觉得 X 君此信是"白昼做梦",认为有好几处他本着科学家怀疑的态度,很能引起我们研究的趣味。

X 君认为生死无意义,诚然,但不能因为"生死既无意义",便断定"那末人生还有什么意义?"愚意"生"与"死"尽管无意义,但在既"生"与未"死"之中间的一段生活的过程,未尝不可由各人努力造出意义来。

X 君又因宇宙之大,而人生之短而致疑于人生没有意义。宇宙之大,而人生之短,这诚然是一件事实,这个事实如看得透,对于我们的修养上且有大益，因为能知天地之长而吾所历者短，知地之大而吾所居者小，知事之多而吾所成者实微乎其微，则对于个人之名利得失便看得不算一回事，对于骄矜自满的毛病也可以不至有。不过因生命之短而即断为人生之无意义，我却不以为然，因为人生价值在各人所自造者何如：苟有益于世，虽短不能抹煞其价值；苟不但无益而且有害于世，则"老而不死之为贼"，多活几年只有愈糟！

我觉得做人是不得已的事情，我们并不是在未生之前自己预定好计划，由自己高兴来生在世上的，现在既不由自主的生了出来，只得做人。既然只得做，消极比积极苦痛，懒惰比奋斗苦痛，害人比救人助人苦痛，所以只想择其比较在精神上可以减少苦痛的方面做去，如此而已。这是我个人直觉的不得已在这里做人的赤裸裸的简单态度。X君所提出的"又怎样呢？""那又怎样呢？"，我只觉得无论"怎样"，既不愿立刻自尽，只得这样做去，想不出更好的办法。

最后 X 君认为世界上各事是无是非的，愚意亦不以为然。愚意以为是非是有的，不过在现实的世事方面未必尽能适合于应是之是与应非之非而已。试举一件小事为例，女子缠足之有碍卫生，这种是非是很显明的，但在从前盛行缠足的时代，不缠足的女子反而嫁不出去，没有人娶，则当时是是其所不应是，非其所不应非，诚如 X 君所谓"无是非的"。但苟能不为不合理的习俗所拘，而能用理性来研究一下"为什么"，则缠足之为有碍卫生的恶习，固有其是非所在，不因人之从违而变其本质。是非之本质既存在，能否看透真是非之所在，则在乎各人在思想上的程度而异，我们所希望者，则在具有明澈思想者能感化或提醒一般糊涂虫而逐渐增加现实情形之更能合理。试再就女子缠足一端为例，闻蔡孑民先生在三四十年前举国崇拜缠足之时，他征婚即以天足为条件之一，则在当时，他对此事之是非固为独能合理，不能谓为无是非。世界文化的进步，就在乎能由不合理的是非而逐渐走到合理的是非之路上去。我们所应努力者，也在竭力减少铲除不合理的是非，竭力增加培成合理的是非。

原载1931年3月21日《生活》周刊第6卷第13期，复信署名编者。

倾轧中伤

孟老夫子曾说："为政者每人而悦之，日亦不足矣。"其实不但为政，凡事皆然；而且负责愈专努力愈勇者，"每人而悦之"亦愈难。试用冷静的眼光分析社会的心理，其中具有热肠侠义，见善如己出，但知鼓励辅赞之不暇者，虽不乏其人，然亦有自己懒走，最好别人也不要走；自己走得慢，最好别人走得更慢；自己干不好，最好别人干得更不好。否则眼见你的事业有法维持，甚至有法发展，往往妒火中烧，非立刻看见你摧残消灭，心中实在不甘！他们并不想要自己的事业能维持，能发展，全靠自己努力，决不是靠着中伤别人而能达到维持自己发展自己事业的目的。

在这种倾轧中伤的空气之下，倘若自己没有坚定的主意，镇定的精神，往往易为外物所震撼，甚至非气死不可，至少也使你心灰意冷，一事不能办。曾涤生曾说："大抵任事之人，断不能有誉而无毁，有恩而无怨，自修者但求大闲不逾，不可因讥议而馁沉毅之气"；又说"我辈办事，成败听之于天，毁誉听之于人，惟在己之规模气象，则我有可以自主者，亦曰不随众人之喜怒为喜怒耳"。每诵昔贤困心横虑之经历语，未尝不为之神往。

原载 1931 年 3 月 28 日《生活》周刊第 6 卷第 14 期，署名韬奋。

办事上需要的几个条件

除了尸位素餐的官吏，坐领干薪的蠹虫，及游手好闲的纨绔子弟外，大概都不能和办事绝缘，所谓服务社会的"服务"两字的意义，也就是办事的意思。办事上所需要的条件，如在理论方面唱高调，简直可以著一本很厚的大作，但记者在此文所欲论述者，决不愿徒发空论，乃根据事实上的观察，与实际上的体验，以为我们在办事上有几个切实需要的条件。

假定一个人对于他所办的事，已具有相当的知识技能，他在职务方面能否胜任，至少还要看有无两个最低限度的条件：第一是肯切实的负责，第二是有细密的精神。

求之我国历史上的人物，其负责精神最足令人感动者，殆莫过于诸葛亮。他原来是"臣本布衣，躬耕于南阳，苟全性命于乱世，不求闻达于诸侯"，初不必负什么重要的责任，后来他因为"先帝不以臣卑鄙，猥自枉屈，三顾臣于草庐之中，咨臣以当世之事，由是感激，遂许先帝以驱驰"，于是他不负责则已，既已负责，便毅然"受任于败军之际，奉命于危难之间"，甚至不顾成败利钝，"鞠躬尽瘁，死而后已"，其忠肝义胆，照耀千古，故"出师未捷身先死，长使英雄泪满襟"，其感人之深一至于此，全在他的负责精神。刘备在时他负责，刘备死后他还是负责，生死不渝的负责。我们平常办事，固然用不着张大其辞，一来就说到

"死而后已";但既受信托办理一事,在人面前随口承诺的答应了下来,一转身便马马虎虎:办得好不好不管,时间赶得上赶不上不管,推一步走一走,催一次快一点,你不留神督促查询,他便随意宕挨延误,或草率交卷,好像货出不退换,满不在乎!遇着这种宝贝,你一次或两次上了当,以后简直不敢领教。事业范围愈大,你个人的督察能力愈难,所需要肯负责的同志愈亟,但对自己私事肯切实负责的多得很,对公事肯切实负责的实有如凤毛麟角。故肯切实负责的人,实为办事上最渴望而不易得的同志,因为只有这种人能使你放心,能分担你的责任。

其次最感缺乏的便是细密的精神。细密的对方便是粗忽,或是卤莽。姑舍大事而以小事为喻,有人替你誊写一封信,总要替你誊错几个字,使你非自己过眼总不能放心发出,其实只要于誊后细密的看一遍,便没有这个毛病。又如有人替你发信,也许把甲的信套进乙信封,把乙的信套进甲信封,弄得两边不接头,遇有重要的事件,时间上手续上的延误固不必说,有时信件内容有秘密之必要,他却如此替你公开起来!有时有附件要加入,他把这信发出,附件还附在他的办公桌上!小事如此,大事你便不敢交托他了。

以上两点是我们所可认为办事的最低条件,这都是可以用意志的力量和训练的工夫养成的。在"最低"之上,如要再作进一步的要求,愚意以为还有一个条件,便是自动的精神和创造的能力,能就所负的责任范围及所做的细密工作上,想出更好的计划,定出更好的办法,精益求精,与时俱进,此则具有超卓思想的异材,发展事业的柱石,不仅能不负所托而已。

原载 1931 年 4 月 11 日《生活》周刊第 6 卷第 6 期,署名心水。

能与为

"能其所为"与"为其所能"而能合并，在个人在社会都是莫大的幸事；初虽未能，肯学习而做到能，则由"为"而"能"，亦尚可有为；最下者虽"能"而不"为"，或不能而妄为。

一人事业上之成就与其能力为正比例；且自文明进化，分工愈精，则能力之专门化亦愈密，能于此者未必亦能于彼，故与事业之成就为正比例的能力，尚须注意其所专者是否适合于其所为。果有相当的能力，而此相当的能力又适合于所做的事业，其效率之增高，业务之发展，实意中事，在社会方面之兴盛繁荣，全恃此种事业获得此种人材；在个人方面之感觉兴味与愉快，亦全恃此种人材有机会尽心竭力于此种事业。此即所谓"能其所为"与"为其所能"合而为一。故有志于某种事业者，与其临渊羡鱼，毋宁退而结网，结网无他，即当对于此某业所需要之能力先加以充分的准备。昔人所谓"水到渠成"，所谓"左右逢源"，都是有了充分准备以后的亲切写真。

能力之养成，常有待于实际应付问题与处理事务时之虚怀默察，领悟诀窍，故"学"与"为"常可兼程并进，互有裨益。在此原则之下，虽最初有所未能，或能而未精，只须肯存心学习，未尝不可由"为"而"能"，古今来有不少对社会有重大贡献的人物，虽未有领受正式教育之机会，而犹能利用其天赋，由困知勉行而卓然有所树立者，都是由这条路上走出来的。不过要走得上这条路，一下走不到康庄大道，必须不厌曲径小路之麻烦；换句话说，即勿因事小而不屑为，当知"百尺高楼从地起"，天下决无一蹴即成之事，亦未有一学即能之业，无不从一点一滴的知识经验积聚而成，若小事尚不能为，安见其能为大事？

尤可悯者为虽"能"而不"为"。一种事业所以能有特殊超卓的成绩，全恃从事者能以满腔热诚全副精力赴之。若因循苟且，敷衍暇逸，即有能力，无所表现，虽有能为之能，等于不能，虽有可能，永为不可能。这种毛病，不在相当知识之无有，实在良好品性之缺乏——尤其是服务的精神与忠于所业的态度。还有一个大病根，便是畏难。这种人仅见他人之成功，而不知他人之成功实经过无数次之失败，实尝过无数次之艰苦。常人但见成功之际之愉快，不见苦斗时代之紧张；但闻目前的欢声，岂知已往的慨叹？任何事业的成功史中必有一段伤心史，诚以艰苦困难实为成功必经的阶段，尤以创业者为甚，虽已有"能"，在创业时期中必须靠自己打出一条生路来，艰苦困难即此一条生路中必经之途径，一旦相遇，除迎头搏击外无他法，若畏缩退避，即等于自绝其前进。

不能而妄为，其为害超过于虽能而不为，盖一则消极的无所成而已，一则积极的闯祸。此类人既不屑学习，又不自量力，好虚荣而不顾实际，善大言而不知自惭，阻碍贤路，贻害社会，决无自省之日，徒有忮求之心，怨天尤人，永难觉悟。自知未能者尚可使有能，实际无能而自以为有能或甚至自以为有大能，轻举妄动，虽至失败而尚不知其致败之由，乃真无可救药。

原载 1931 年 5 月 9 日《生活》周刊第 6 卷第 20 期，署名心水。

呆 气

我们寻常大概都知道敬重"勇气",和敬重"正气"。昔者曾子谓子襄曰:"子好勇乎?吾尝闻大勇于夫子矣:自反而不缩,虽褐宽博,吾不惴焉;自反而缩,虽千万人,吾往矣!"这是从理直气壮中所生出的勇气。孟子说:"我善养吾浩然之气。"有人问他什么叫"浩然之气",他说:"难言也,其为气也,至大至刚,以直养而无害,则塞于天地之间;其为气也,配义与道,无是,馁也。"这是天地间的浩然正气。但是愚意以为非有几分呆气,勇气鼓不起来,正气亦将消散;因为"虽千万人,吾往矣"!非有几分呆气的人决不肯干;"以直养而无害",亦非有几分呆气的人也不肯干。试想富贵不能淫,威武不能屈,贫贱不能移,不是呆气的十足表现吗?

研究任何学问,欲求造诣深邃者,也不可不有几分呆气。据传发明地心吸力学说的牛顿,有一天清晨正在潜思深究的有味当儿,他的女仆预把鸡蛋置小锅旁备他自煮做早餐,他一面沈思,一面把手上的一只表放入锅内滚水中大煮特煮,这不是呆气的表现吗?又据传说电学怪杰爱迭生结婚之日,与新夫人同车经过他的实验所,把夫人暂停在门外,自己跑进去取什么东西,不料进去之后,忘其所以,竟在一张桌上大做其实验,把夫人丢在外面许久,最后由新夫人进去找了出来,才一同回家去。这又不是呆气的表现吗？大概研究学问非研究到有了呆气的境域，钻得不深，求得不切，只有皮毛可得，彼科学家思创造一物，发明一理，当其在未创造未发明之前，人莫不讥为梦想，甚乃狂易，认为徒耗光阴，结果辽远，而彼科学家独能不顾讥笑，埋头研究，甚至废寝忘食，甘之如饴，非有几分呆气为后盾，岂能坚持得下去？

委身革命事业以拯救同胞为己任者，也不可不有几分呆气。彼革命志士，思为国家谋幸福，为人民除痛苦，而当其未达到谋幸福除痛苦之前，无一兵一卒之力，无弹丸凭藉之地，在他人见之，未尝非纸上谈兵，痴人说梦，认为必不可以实现，然卒以彼大革命家之规谋计划，冒万险，排万难，忍人之所不能忍，为人之所不敢为，刀斧不足以惧其心，穷困不足以移其志，置身家性命于度外，而登高一呼，万方响应，翕然从风，固为万流景仰，但在流离颠沛之际，非有几分呆气为后盾，岂能坚持得下去？诚以凡事非有几分呆气来应付，处处只计及一己利害，事事顾虑前途得失，无丝毫之主见，无丝毫之冒险精神，迟疑不前，趑趄不进，永在彷徨歧路之间而已。

此外欲能忠于职务，亦非具有几分呆气不可，在办公室中但望公毕时间之速到，或手持公事而目注墙上所悬时计者，大概都是聪明朋友的把戏，事业交在这种人手上是永远办不好，这是可以保险的。因为他所缺乏的就是忠于职务视公务如己事的呆气。降而至于交友，也以具有几分呆气的朋友为靠得住。韩退之所慨叹的"士穷乃见节义"，朋友穷了，仍不忘其友谊，此事非有较高程度之呆气者不办！

我们寻常的心理，大概无不喜闻他人之誉我聪明，且亦时欲表现其聪明；又无不厌闻他人之称我为呆子，而并不愿自认为呆子。初不料呆气也有那么大的好处！

原载1931年5月16日《生活》周刊第6卷第21期，署名心水。

工作的大小

工作有没有大小的分别？就一般的观念说，工作似乎是有大小的分别。我们很容易想到大人物做大事，寻常人做小事。这种观念里面，也许含有个人的虚荣心的成分，虽则没有人肯这样坦白地承认。但是有的人要想做大事，不满意于做小事，不一定出于个人的虚荣心，也许是出于很好的动机，希望由此对于社会有较大的贡献；依他看起来，大事的贡献较大，小事的贡献较小，因为要对社会有较大的贡献，所以不愿做小事，只想做大事。这个动机当然是很可嘉的。我们当然希望社会上人人都有较大的贡献，于是对于能够有较大贡献于社会的人们，特别欢迎。

不过什么样的事可算做大？什么样的事只能算小？什么样的贡献可算做大？什么样的贡献只能算小？这却是所谓仁者见仁，智者见智，不易有一致的见解。

我们如在军界做事，就一般人看来，也许要觉得做大将是比做小卒的事大。但是我觉得做丢尽了脸的不抵抗的大将，眼巴巴地望着民族敌人今天把我们的民族生命割一刀，明天把我们的民族生命刺一枪，而不能尽一点军人卫国的天职，做这样的不要脸的大将，实在远不如做十九路军淞沪抗战时的一个小卒。在这样的场合，一个小卒的工作对于国家民族的贡献反而大，一个大将的贡献不但是小，而且等于零！

也许你要驳我，说对民族敌人不抵抗的不要脸的大将，当然是太不要脸，对国家民族不能有什么的贡献，这诚然是不错，但是如做了真能抗敌卫国的大将，那便有了较大的贡献了。这样看来，大将的工作仍然是比小卒的工作大，大将的贡献仍然是比小卒的贡献大。

我承认这话确有一部分的理由，不过我们要知道一个军队要能作战，倘若全军队都是大将，人人都做指挥官，这战事是无法进行的；反过来说，倘若全军队都是小卒，如同一盘散沙，没有人指挥或领导，那末这战事也是无法进行的。所以在抗敌卫国的大目标下，大将和小卒在与敌作战的军队里虽各有其机能，但是同有贡献于国家民族是一样的，在本质上，工作的大与小，贡献的大与小，原来就没有什么分别的。硬看作工作有大小，贡献有大小，这只是流俗的看法罢了。

宜于做大将的材料，我们赞成他做大将；宜于做小卒的材料，我们也赞成他做小卒：从本质上看来都没有什么大小高低之分，我们所要问的只是他们为着什么做。

原载 1936 年 6 月 18 日香港《生活日报》第 12 号，署名韬奋。

第二辑 散文游记

在船上的《生活》同志

记者在船上所填的英文名字不用"韬奋"两字的译音，上船后，船当局印发很讲究的搭客名单，看的人也只见着我的英文名字。但因同行中有一两位朋友是知道我干什么的，所以偶由辗转听到而特来和我晤叙的本刊读者，截至我提笔作这篇通讯时，竟出于我意料之外的有十余人之多。我们互道来历后，便很痛快的畅谈，立刻成了亲密的好友，这是使我最愉快的一件事情。他们对于本刊关心的诚挚，实在可感，问我身边带了有没有最近的《生活》，我临行时只带了当时最近出版的一份第八卷第二十八期，他们欣然索去传观，看到最后还给我时，纸角都卷了起来。

谈得尤其诚恳的有位江善敬君，他是国立暨南大学外交系的毕业生，现在母校服务，为人温和热诚，善气迎人。他说久想见我，不料在船上无意中遇着。他原是华侨，家在南洋的勿里洞，出来九年了，这次才回家去省亲，少年英俊，体格极好，他在校时原是一位运动健将，尤擅长足球。学校里的运动员大都只知道运动，置学识思想于脑后，而江君体格既好，又能注意到学识思想方面，一扫畸形发展的积习，殊可爱重。他并具有歌唱天才，在甲板上临风引吭高歌，激昂悠扬，令人意远。可惜我们同船到新加坡便须分别了。

江君说自本刊出版以来，他没有一期漏掉，每次还有本乡亲友托他在沪转寄数份，并说许多青年对于本刊的热望，我说本刊本身没有什么固有的力量，如诸同志认为不无价值，便是由于始终不背叛大众的意志罢了。倘认为不无一点力量，这仍是大众的力量。他极力劝我有机会时到南洋去看看侨胞的状况，不过说南洋的当局对中国从事文化事业的人异常畏忌，如去最好充作商人。记者在国内时，有朋友对我说，如去汉口一带，声明是商人，便检查得不厉害，如说是教员或学生，便检查得异常的烦苛，可谓"英雄所见略同"吧！知此诀窍的教育界中人，赴汉口一带时，为避免麻烦计，最好都在嘴巴上一变而为商界。

（以上十八日下午写）

船上有位黄伯权君，也是本刊的一位热心读者，无意中知道了记者也在船上，特来和我作一番长谈，他说在二十六期的本刊上看了《本刊今后编辑上的改革》一文后，知道我有新计划，但却未想到我突然有赴欧之行。黄君原亦华侨，年似五十左右，须发已斑白，身体魁梧健康，精神饱满；常旅行于南洋及国内各要埠，旅行经验很富，认旅行为增加知识经验的最好的一法。他说往各处广游后的见解，和不大出门时的见解根本改变；甚至一下船后，因见闻的新异，思想即有改变。所以他对记者此次远行，极表赞同。黄君初见记者时，表示惊异，据说惊异我比他想象中的年轻，很殷勤地劝我在外多住几时，多多吸收新印象，多多研究新事物。他此次是由香港登轮赴新加坡的，我问他香港的工商业现状，他说和上海患一样的毛病，即内地乡村破产，资金集中香港，同时因城市的工商业不景气，金融停滞，同陷困境。此外黄君谈及南洋一带侨胞情况颇详，谓最大的危险为受世界经济恐慌的影响，侨胞失业大问题，现虽无确实的详细统计，但据他所知道，从前国人由厦门、汕头、香港等埠赴西洋移殖的每只船总乘得满满的，最近则出去的船上至多仅有一二百人，而由南洋一带装运回国的侨胞，一只船上往往有二三千人，回到破产的乡村或不景气的城市，都有问题，每月有几只船的往返，这种每况愈下的危象就很可怕了。

关于南洋侨胞的近况，船上有位本刊的读者 C 君在南洋十几年，谈得声泪俱下，因他还要到南洋去服务，为避免他也许要因我发表他的谈话而受到牵累，所以把他的姓名省却，把一定的地址也省却，只略述他所谈的事实，他说南洋群岛的统治者——尤其是荷兰——在文化及思想等等方面的压迫侨胞，苛刻达于极点，学校中教授青年不许提起"提倡国货"，因为他们认为提倡国货即等于抵制外货；连"尽国民的天职"的话语都不许有，因为他们认为中国人而能"尽国民的天职"，便是排外！什么抗日，什么国难，那更提都不必提了。在九一八后，有某岛某市的中国青年若干人（记者按：原有一定数目，现为掩护发言人起见省去）暗中在侨胞里面作国难及对日经济抵制的宣传，被当道全数捕去，虽未有证据，也拘囚起来，虽经当地中国商会及殷实商人力保，都不准，当道的答复很简单，只说这是中日问题，要关到中日问题解决之后，才许开审裁判。做中国人有何法想！就只得白白地受着拘囚，尝着铁窗风味！说也可笑，后来到了一·二八，十九路军在淞沪抗日血战的捷报传播遐迩，该市的中外新闻纸上连登着四天的十九路军的捷电，荷当道对他们素所轻视的中国人居然忽改态度，刮目相待，立即把所拘囚的中国青年由狱里提出审判，除两人仍被判决驱逐出境外，其余都判决无罪开释。谁知道抗日义军的威名竟间接能使海外若干青年得免无辜缧绁之苦！现在是我们"和外"的时代了，海外帝国主义者对于我们侨胞的待遇当然也恢复了原状。

据说侨胞现在所受的经济打击，重要的有两件事：一件是受世界经济恐慌的影响，还有一件是日本的积极猛厉的南侵。关于第一件事，大家容易明白。关于第二件事，有略加说明的必要。在九一八以前，日货在南洋销数占全部入口货百分之四十，在九一八以后，因我们侨胞的抵制，日货在南洋销数反而增加了一倍，占了百分之八十！原来在九一八以前，日货多由华侨批发，转售与土人，后来华侨抵制很严，日人就自己派人直接到南洋推销，并得到日政府的津贴和卫护，土人更为欢迎，遂一跃而增加一倍的销路。华侨原来居间批发，还有余利可得，这样一来，全部抛弃，而祖国又没有代用品可用，他们的日用品乃不得不勉力购买价格特昂的欧货，处处吃亏！日人在南洋报上大胆宣言，说十年后必能将华侨完全打尽！

我国即有国货运往南洋，也绝对不能和该处的日货竞争，因日人一发现有某种中国货流行，他们即得到日政府的津贴，造出同样或更好的货品，大减价出售，土人当然欢迎价廉物美的货物，使中国货无立足余地。一年打不倒，两年；两年打不倒，三年。毫无后盾的中国货，没有不被打得落花流水的。侨胞也都知道了我国现在是积极进行"和外"的政策，惟有吞声饮泣而已。

某君谈完海外侨胞种种受人凌辱的苦况后，与记者相对唏嘘者久之。

廿二，七，十九，上午，佛尔第船上。自新加坡寄。

原载1933年8月26日《生活》周刊第8卷第34期，署名韬奋。

到新加坡

　　新加坡地势作椭圆形，处于马来半岛的极南，东西广约二十七哩，南北长约十四哩，面积二百十七方哩，为南洋群岛的枢纽，欧亚航运的中心，华人最初到该岛的约在二百年前，但距今一百零九年前（一八二四年）该岛的统治权却为英所占有。百余年前满目荒凉，遍地荆棘，数十年来才日趋繁荣，一跃而为世界第九的著名商埠。（近来的经济恐慌，随着旧制度总崩溃中的情形，见下节一文。）该岛居民民族混杂，好像各民族的标本陈列所似的，我们的船一到码头，即可瞥见各种各色的面孔，有白的，有黄的，有棕色的，有一团漆黑的。民族种别可分为中国人，欧洲人，马来人，印度人，混种人及其他。华人中以福建广东人为最多，约占全数十分之九。欧洲人以英人为最多；美，法，德，意等次之。此外如印人，亚拉伯人，犹太人，暹罗人，爪哇人，安南人，日本人，为数也很多。据一九三一年的调查，人口总数约六十万人，欧人近万，华人竟有四十万人左右，约占全部人口三分之二。位置离赤道仅九十英里，故全年皆夏，但据记者上岸后所感觉，还不及上海最热时候的那样热，入夜则海风习习，更为凉爽了。

　　佛尔第号二十日上午七点钟就靠了岸，因须由移民厅派员来验护照，所以等到九点半才得上岸。仅上岸游览而不打算居住的搭客，可不必验看护照，但仍须等到其他的护照全部验毕后才许上岸，船旁吊梯上立有两个穿着像水兵制服的一黄一白的人物立着，在护照未验毕以前，一概不许上下。所以到码头上迎接亲友的有数十人，也只得呆立着等候两三小时之久，船上搭客和码头上的亲友虽望见了，还是可望而不可即。英国人办事虽呆板，但秩序却很好。岸上等着迎接亲友的人们，有一对中年的广东男女，船上有人认识他们的，说是夫妇，丈夫是个特别魁梧肥胖的大汉，立在他身旁的妻子却是比他矮得两尺多的渺小清瘦的女子。新俗夫妇往往挽臂并肩而行，像这个妻子，恐怕就只得挽着她丈夫的大腿，把肩并着他的腹部而行了。

记者在船上无意中遇着厦门的中国银行经理黄伯权君，上次通讯里已提及，他到新加坡时有人来接他，我们旅行到各处时，最好在岸上有熟人照料引导，记者承他的介绍，由华侨银行的邵君陪伴着我们九个人参观了半天。我同房间的有三个人，加上一个张心一君，一个赴德学医的郭君（同房间的周洪熙君也是赴德学医的），一个赴德学工程的李君，一个赴意大利学医的俄人，连邵君共九人，雇了两辆汽车，先到华侨银行参观，然后出发畅游全市。我们先看博物院，有热带的飞禽走兽的标本，最大的有鳄鱼，巨虎，毒蛇等等，有往昔土人和毒蛇猛兽斗争的种种器械，每物上都有卡片印着英文的说明，令人想见本岛在未开发前的种种恐怖状况，此外关于土人的习惯风俗，亦有颇多的陈列，这样的博物院很能增加我们研究历史的兴趣。马来人旧俗以头额生得扁扁的为最美，故从小即用人工把头额压扁，博物院中亦有一很大的模型，是一个马来种的母亲把一个厚厚的铁条缚在她的婴儿的额前，注视着希望他的头额能赶快的扁起来！憨态可掬，愚尤不可及，但天地间类乎这样愚不可及的事情还多着哩。

新加坡除沿海边的几条市街外，郊野的风景很美丽，平坦整洁的马路，两旁娇红艳绿，花草极盛，在绿荫中时时涌现着玲珑宏丽的洋房，我们坐在车里驶过时，左顾右盼，赏心悦目，好像"羽化而登仙"了似的！但美是美了，却因市面的不景气，经济恐慌一天紧张一天，有许多好房子空着，没有人住。

尤美的还有植物园，面积广阔，路径平坦而曲折，汽车可直通无阻，这里面的鲜花奇草，更是日不暇接，树荫蓊郁，翠绿欲滴，有一处小猴随处跳跃，猴身高仅尺许，毛极细润清洁，不避人，亦无任何拘束，啖以香蕉，即当人前饱吃一顿，吃后缘树急爬而上，轻捷如履平地。

午时我们仍回到华侨银行，略事休息后，团体拆散，各自随意游览，因佛尔第号下午五点钟才开。记者便偕同张心一和周洪熙两君另成一组，先陪周君往天南酒楼去寻访一位朋友，无意中和该处一位侨胞有一番值得记述的谈话。下午踯躅道旁，正在迷途中不知如何回到船上的时候，忽遇着《星洲日报》一位在上午到船上遍寻我不得的记者黄汝德君，这都是意外的事情，当在另文记述之。

廿二,七,廿一,上午,佛尔第号船上。由哥伦坡发。

原载 1933 年 9 月 2 日《生活》周刊第 8 卷第 35 期，署名韬奋。

船上的民族意识

记者前天（二十一日）上午写《到新加坡》那篇通讯时，不是一开始就说了一段风平浪静的境界吗？昨天起开始渡过印度洋，风浪大起来了，船身好像一蹲一纵地向前迈进，坐在吸烟室里就好像天翻地覆似的，忍不住了，跑到甲板上躺在藤椅里不敢动，一上一下地好像腾云驾雾，头部脑部都在作怪，昨天全日只吃了面包半块，做了一天的废人，苦不堪言。今天上午风浪仍大，中午好了一些，我勉强吃了一部分的中餐，下午吸烟室里仍不能坐，写此文的时候，是靠在甲板上的藤椅里，把皮包放在腿上当桌子用，在狂涛怒浪中缓缓地写着，因明日到哥伦坡待寄，而且听说地中海的风浪还要大，也许到那时，通讯不得不暂搁一下。

船自新加坡开行后，搭客中的中国人就只剩了七个，一团漆黑的朋友上来了十几个（印度人），他们里面的妇女们手上戴了许多金镯，身上挂了不少金链，还要在鼻孔外面的凹处嵌上一粒金制的装饰品，鼻子上那一个窟窿就不知道是怎么挖成的！此外都是黄毛的碧眼儿。有一个嫁给中国人的荷兰女子，对于中国人表示特别好感，特别喜欢和中国人攀谈。

同行中有一位李君自己带有一个帆布的靠椅，预备在甲板上自己用的，椅上用墨写明了他的中西文的姓名以作标志。前天下午他好端端地舒舒服服地躺在上面，忽然来个大块头外国老太婆，一定要把他赶开，说这个椅是她的。李君把椅上写明的姓名给她看，她不肯服，说他偷了她的椅子，有意写上自己的姓名！于是引起几个中国人的公愤，我们里面有位甲君（代用的）尤其愤激，说："中国人都是做贼的吗？这样的欺侮中国人，我们都不必在国外做人了！这还了得！"我看他那一副握拳擦掌切齿怒目的神气，好像就要打人似的。还有一位乙君持极端相反的意见，他说："中国人出门就准备着吃亏的。"又说："自己不行（指中国），有何话说！"他主张不必认真计较。当时我刚在吸烟室里写文章，他们都仓皇地跑进来告诉我，我说老太婆如不讲理，可将情形告诉船上的管事人（Steward），倘若她自己也带了一张椅子，因找不到而误认的话，便可叫管事人替她找出来，便明白了。后来果然找到了她自己的椅子，对李君道歉，而且觉得很难为情。听说她原有几分神经病，甲君仍怒不可遏，说不管有没有神经病，总是欺侮中国人，于是他仍旧狠狠地热血沸腾地对着这个老太婆加了一番教训，并在背后愤愤地大说乙君的闲话。

中国人到国外易于被人凌辱，却是一件无可为讳的事实，理由很简单，无非是国内军阀官僚们闹得太不像样，国际上处处给人轻视，不但大事吃亏，就是关于在国外的个人的琐屑小事，也不免受到影响。例如船上备有浴室，如遇着是中国人正在里面洗浴，来了一个也要洗浴的西人，往往打门很急，逼着速让，那种无理取闹的举动，虽限于少数的"死硬"（Die-hard）派，无非含有轻视中国人的意味。

不过有的时候也有自己错了而出于神经过敏的地方。此次同行中有一位"同胞"（赴外国经商的）说话的声音特别的响亮，极平常的话，他都要于大庭广众前大声疾呼。除登台演说外，和一二人或少数人谈话原不必那样卖力，但是这位仁兄不知怎样成了习惯，不开口则已，一开口就非雷鸣不可。这当然易于惹人厌恶，我曾于无人处很和婉地提醒他，请他注意，他"愿安承教"了，但过了一天，故态复萌。有一夜他在房里又哗啦哗啦起来，被对房睡了觉爬起来的一个德国人跑过来办交涉。他事后愤然的说，在自己房里说说话有什么犯法，他觉得这又是选定中国人欺侮了！

自九一八中国暴露了许多逃官逃将以来，虽有马占山部及十九路军的昙花一现的暂时的振作，西报上遇有关于中国的漫画，不是画着一个颠顶大汉匍匐呻吟于雄赳赳的日军阀枪刺之下，便是画着前面有一个拖着辫子的中国人拼命狂奔，后面一个日本兵拿着枪大踏步赶着，这样的印象，怎能引起什么人的敬重？至于外国人中的"死硬"派，那更不消说了。这都是"和外"的妙策遗下的好现象！

到国外每遇着侨胞谈话，他们深痛于祖国的不振作，在外随时随地受着他族的凌辱蹂躏，呼吁无门，所表示的民族意识也特别的坚强，就是屡在国外旅行的雷宾南先生，此次在船上的时候和记者长谈，也对此点再三的注重，可见他所受到的刺激也是很深刻的。我说各殖民地的民族革命，也是促成帝国主义加速崩溃的一件事，不过一个民族中的帝国主义的附属物不铲除，为虎作伥者肆无忌惮，民族解放又何从说起呢？这却成为一个先决问题了。

廿二，七，廿三，佛尔第号船上。自哥伦坡发。

原载 1933 年 9 月 16 日《生活》周刊第 8 卷第 37 期，署名韬奋。

威尼司

八月六日下午四点钟佛尔第号到意大利的东南海港布林的西（Brindisi），这算是记者和欧洲的最初的晤面。该埠不过因水深可泊巨轮，没有什么胜迹可看，船停仅两小时，记者和几位同行的朋友却也上岸跑了不少的路，像样的街道只有一条，其余的多是小弄，在海边上虽正在建筑一个高大的纪念塔，但我们在街上所见的一般普通人民多衣服褴褛，差不多找不出一条端正的领带来。我们穿过好几处小弄，穷相更甚，有好几处门口坐着一个老太婆，门内挂着花布的帘子，时有少妇半裸着上身探首帘外向客微笑，或漫声高唱，她们用意所在，我们大概都可以猜到。

八月七日下午到世界名城之一的威尼司（Venice）。同行中有李汝亮君和郭汝楠君（都是广州人）赴德留学，李君的哥哥李汝昭君原已在德国学医，特乘暑假到威尼司来接他的弟弟和他的老友郭君，并陪他们游历意大利，记者原也有游历意大利重要各地的意思，便和他们结作旅伴，同行中赴德学医的周洪熙君（江苏东台人）听说在八月底以前，意大利在罗马举行法西斯十周年纪念展览会三个月，火车费可打三折，也欣然加入，于是我们这五个人便临时成了一个小小的旅行团。到威尼司时，李汝昭君已在码头相迎，我们便各人提着一个手提的小衣箱上岸。介绍之后，才知道李君的哥哥也是本刊的一位热心读者，这个小小的旅行团也可以说是一小部分的"《生活》读者旅行团"了。我们先往一个旅馆里去过夜，两李一郭住一个房间，记者同周君住一个房间，第一天便开始游览。有伴旅行，比单独一人旅行，至少可多两种优点：一是费用可以比较地经济；二是兴味也可以比较地浓厚。

在太平洋未取地中海的势力而代之的时候，威尼司实为东西商业贸易上最重要的一个城市，在世界史上出过很大的风头，现在是意国的一个重要的商埠和海军军港，在港口禁止旅客摄影，同时也是欧美旅客麇集之地。该城不大，约二十五英里长，九英里宽。第一特点是河流之多，除少数的几条街道外，简直就把河当作街道，两旁房屋的门口就是河，仿佛像涨了大水似的。我国的苏州的河流也特多，有人把我国的苏州来比威尼司，其实苏州的河流虽多，还不是一出门口就是河。以这小小的威尼司，除有一条两百尺左右阔的大运河（Canal Grande），像 S 字形似的贯穿全城外，布满全城的还有一百五十条小运河，上面架着三百七十八条桥（大多数是石造的，下有圆门），我觉得这个城简直就可称为"水城"。除附近的一个小岛利都（Lido）上面有电车外，全城没有一辆任何形式的车子，只有小艇和公共汽船，小艇好像端午节的龙船，两头向上跷，不过没有那样长，里面有漆布的软垫椅，可坐四个人至六个人，船后有一个摇桨，在水上来来去去，就好像陆地上的马车。公共汽船的外形也好像上海马路上的电车或公共汽车，车上的喇叭声和上海的公共汽车的喇叭声一样。我们在画片上所见的威尼司的景象，往往是两旁洋房夹着一条运河，上面架着一条圆门的桥，河上一个小艇在荡漾着，这确是威尼司很普遍的景象。

除许多运河外，有若干街道都是用长方形的石头铺成的，有的只有五尺宽，路倒铺得很平，因为没有任何车辆，所以石头也不易损坏，在这样的街道上接踵摩肩的男男女女，就只有两脚车——步行——可用。街道虽窄，两旁装着大玻璃窗的种种商店却很整洁。街上行人衣冠整洁的很多，和布林的西的很不同，原来大多数都是由欧美各国来的游客，尤其多的是来自号称"金圆国"的阔老。

威尼司最使游客留恋的是圣马可广场（Piazza San Marco）和该场附近的宏丽的建筑物，该广场全系长方形的平滑的石头铺成的，有的地方用大理石，长有一百九十二码，阔自六十一码至九十码，三面都有雄伟的皇宫包围着，最下层都开满了咖啡店和各种商店，东边巍然屹立着圣马可大教堂（San Marco），内外只大理石的石柱就有五百余根之多，建于第九世纪。该广场上夜里电灯辉煌，胜于白昼，游客成群结队，热闹异常。在圣马可广场附近的有大侯宫（Palazzo Ducale）一座，亦建于第九世纪。宫前有大广场，宫的对面咖啡馆把藤制的椅桌数百只排在沿路，坐着观览的游客无数。圣马可大教堂的右边有圣马可钟楼（Campanile di San Marco），三百二十五尺高，建于第九世纪末年。里面设有电梯，登高一望，全城如在脚下。此外还到威尼司城的东南一小岛名利都的看了一番，该处有世界著名的游泳场，游泳场后面的花草布置得非常美丽，游泳而出，在街上走的男女很多，女子多穿着大裤管的裤子，上面穿着薄的衬衫，有的就只挂着一条这样的大裤子，上半身除挂裤的两条带子外，就老实赤膊，在街道上大摇大摆着，看上去好像她这条裤子都是很勉强挂着似的！

自然，这班男女并不是一般意大利人民，多是本国和欧美各国的少数特权阶级，只有他们才有享用这样生活的可能。该处既为有闲阶级而设，讲究的餐馆和旅馆的设备齐全，那是不消说的。

威尼司的景物美吗？美！记者在下篇所要记的佛罗伦司也有它的美，但这是意大利五六百年乃至千余年前遗下的古董，我们还不能由此看出该国有何新的建设成绩。我们在许多人赞美不置的威尼司，关于大多数穷人的区域，也看了一番，和在布林的西所见的也没有什么两样。记者于九日就离开威尼司而到佛罗伦司去。

廿二，八，十一，上午，在罗马记。

原载 1933 年 10 月 28 日《生活》周刊第 8 卷第 43 期，署名韬奋。

佛罗伦司

记者于八月九日午时由威尼司上火车，下午五时三十七分才到充满了古香古色的佛罗伦司（Florence），为中部意大利最负盛名的一个城市。在中世纪罗马方盛的时代，佛罗伦司是它的主要的文化中心，意大利的语言、文学，以及艺术，都在此地发达起来的，所以现在该处所遗存的无数的艺术作品，和现在与历史发生联系的纪念建筑物，其丰富为世界所少见，于是佛罗伦司也成为吸引世界游客的一个最有趣味的名城。

佛罗伦司的雄伟的古建筑和艺术品太多了，记者又愧非艺术家，没有法子详尽地告诉诸友。对于艺术特有研究的朋友，最好自己能有机会到这种地方来看看。

记者在二十年前看到康有为著的《欧洲十一国游记的意大利》一书，就看到他尽量赞叹意国的全部用大理石建造的大教堂，此次到佛罗伦司才看到可以称个"大"字的教堂（La Cattedrale di Sonta Maria del Fiore），建于十三世纪，有五百五十四尺深，三百四十一尺阔，三百五十一尺高，门用古铜制成，墙和门都有名人的绘样或雕刻。外面炎热异常，走进去立成秋凉气候。在那样高大阴暗的大堂里，人身顿觉小了许多。"大殿"上及许多"旁殿"上插着许多白色长蜡烛，燃着的却是几对灯光如豆的油灯。宗教往往利用伟大的建筑来使人感到自身的微小，由此引起他对于宗教发生崇高无上的观念，其实艺术自艺术，宗教自宗教，不能假借或混淆的。

在威尼司和佛罗伦司的较大的教堂前都悬有英德法意四国文字的通告，列举禁例，尤其有趣好笑的是关于妇女的，例如说凡是妇女所穿的衣服袖子在臂弯以上的不许进去，颈上露出两寸以上肉体的不许进去，裙和衣服下端不长过膝的不许进去，衣服穿得透明的不许进去，大概所谓摩登女子到此都多少要发生了困难问题，这也许只好怪上帝不赞成摩登女子了！男子的禁例就只是要脱帽，自由得多。

在各教堂里所见跪着祷告的不是老头子，就是老太婆，找不出一个男青年或女青年，我觉得这是可以注意的一点。

佛罗伦司的古气磅礴的雄伟建筑物，大概不是教堂，就是城堡。城堡都是用巨石筑成，高四五层六七层不等，上面都有像城墙上的雉堞似的东西。有许多这样的城堡都成了大商店，不过古气磅礴的石墙仍保存着。此外有最大的城堡（Palazzo Vecehio），里面藏着许多名油画，墙上和天花板上都是，城堡内部的曲折广深，尤令人想见最初建造时工程的浩大。这种封建时代的遗物，不知含着多少农奴的血汗！

十日午时离佛罗伦司，乘火车向罗马进发，直到夜里十一点半才到目的地，因车上人挤，大家立了数小时，我们在佛罗伦司参观时都是按照地图奔跑的，在火车上又立了数小时，都弄得筋疲力尽，同行的周君喃喃的说："如再这样接连跑，只有'跷辫子'了！""跷辫子"不是好玩的！所以我们到罗马后，决议第二天的上半天放假，俾得恢复元气后下半天再开始奔跑。关于到罗马后的记述也许可比这一篇较有意义些，当另文奉告，现在还有几个杂感附在这里。

（一）截至记者作此文时，游了意国的四个地方，即布林的西，威尼司，佛罗伦司和罗马，不知怎的他们对于黄种人就那样地感到奇异，走在街上，总是要对我们望几眼，有的还窃窃私议，说我们是日本人，同行中有的听了很生气，但既不能对每人声明，也只有听了就算了。他们何以只想到日本而不会想到中国？有人说他们觉得所谓中国人，就只是流落在国外的衣服褴褛的中国小贩，衣冠整洁的黄种人便都是日本人。这种老话，我在小学时代就听见由外国留学的人回来说起，不料过了许多年，这个观念仍然存在——倘若上面的揣测是不错的话。但是我想倘若仅以衣服整洁替中国人争气，这也未免太微末了。

（二）意大利的妇女职业已较我国发达——虽则听说比欧洲其他各国，还远不能及。在旅馆里，在饭馆里，在普通商店里，职务由妇女担任的很多。记者在威尼司邮局寄信时，见全部职员都是女子担任。她们大多数都是穿着黑色的外衣，领际用白色的镶边，都很整洁。旅馆的"茶房"几乎全是女子，有的是半老徐娘，有生得比较清秀的，看上去就好像女学生，每天客人出门后，她们就进房收拾，换置被单等物。

（三）记者所住过的几个旅馆，觉得和中国的旅馆有一大异点，就是很安静，没有喧哗叫嚣的情形，执事的人也很少，帐房间一两个人，其余就不大看见人影，就是电梯也可以由客人自开，像按电灯机关似的，要到第几层就用手指按一按那个扑落，电梯就会自动地开到那一层。就是各商店里的伙计，人数也很少，不过一两人，不像我国的商店，有许多往往像菩萨或罗汉似的一排一排列在柜台后面，其实这种异点，在上海中西人的商店里已略可见到了。

廿二,八,十二，夜，记于罗马。

原载 1933 年 11 月 4 日《生活》周刊第 8 卷第 44 期，署名韬奋。

巴黎的特征

记者于八月二十三日夜里由日内瓦到巴黎，提笔作此通讯时已是九月六日，整整过了两个星期，在这时期内，一面自己补习法文，（昨据新自苏联回巴黎的汪梧封君谈，在苏联欲接近一般民众，和他们谈话，外国语以德语最便，其次法语，英语最难通行。）一面冷静观察，并辗转设法多和久住法国的朋友详谈，所得的印象和感想颇多，容当陆续整理报告，现在先谈谈巴黎的特征。

讲到巴黎的特征，诸君也许就要很容易地连想到久闻大名的遍地的咖啡馆，和"现代刘姥姥"所宣传的什么"玻璃房子"。遍地的咖啡馆，确是巴黎社会的一个特征，巴黎街上的人行道原来很阔，简直和马路一样阔，咖啡馆的椅桌就几百只排在门口的人行道旁，占去人行道的一半，有的两三张椅子围着一只小桌子，有的三四张椅子围着一只小桌子，一堆一堆的摆满了街上，一到了华灯初上的时候，便男男女女的坐满了人，同时人行道上也男男女女的熙来攘往，热闹异常，在表面上显出一个繁华作乐的世界。在这里可以看到形形式式的"曲线美"，可以看到男女旁若无人似的依偎密吻，可以看到男女旁若无人似的公开"吊膀子"。这种种行为，在我们初来的东方人看来，多少存着好奇心和注意的态度，但在他们，已司空见惯，不但在咖啡馆前，就在很热闹的街上，揽腰倚肩的男女边走边吻，旁人也都像没有看见，就是看见了也熟视无睹。但我们在"繁华作乐世界"的咖啡馆前，也可以看见很凄惨的现象！例如衣服褴褛蓬发垢面的老年瞎子，手上挥着破帽，破喉咙里放出凄痛的嘎噪的歌声，希望过路人给他几个"生丁"（一个法郎等于一百生丁）；还有一面叫卖一面叹气的卖报老太婆，白发瘪嘴，老态龙钟；还有无数花枝招展挤眉弄眼向人勾搭的"野鸡"。有一次记者和两位朋友同在一个咖啡馆前坐谈，有一个"野鸡"不知看中了我们里面的那一个，特在我们隔壁坐位上（另一桌旁）花了一个半法郎买了一杯饮料坐了好些时候，很对我们注视，后来看见我们没有人睬她，她最后一着是故意走过我们桌旁，掉下了手巾，俯拾之际，回眸对我们嫣然一笑，并作媚态道晚安，我们仍是无意上钩，她才嗒然若丧的走了。她这"嫣然一笑"中含着多少的凄楚苦泪啊！（不过法国的"野鸡"却是"自由"身体，没有什么老鸨跟随着，可是在经济压迫下的所谓"自由"，其实质如何，也就不言而喻了！听说失业无以为生的女工，也往往陷入这一途。）

至于"现代刘姥姥"所宣传的"玻璃房子"，并不是有什么用玻璃造成的房子，不过在有的公娼馆里，墙上多设备着镜子，使几十个赤裸裸的公娼混在里面更热闹些罢了（因为在镜子里可显出更多的人体）。据"老巴黎"的朋友所谈的这班公娼的情形，也足以表现资本主义化的社会里面的"事事商品化"的极致。这种公娼当然绝对没有感情的可言，她就是一种"商品"，所看见的就只是"商品"的代价——金钱。有的论时间而计价钱，如半小时一小时之类，到了时间，你如果"不识相"，执事人竟可不客气地来打你的门！不过有一点和"野鸡"一样，就是她们也是有着所谓"自由"身体，并没有卖身或押身给"老鸨"的事情，可是也和"野鸡"一样，在经济压迫下的"自由"，其真义如何也可想见，在表面上虽似乎没有什么人迫她们卖淫，尽可以强说是她们"自由"卖淫，实际还不是受着压迫——经济压迫——才干的？这也便是伪民主政治下的藉来作欺骗幌子的一种实例！世间变相的"公娼"和"野鸡"正多着哩！

据在这里曾经到过法国各处的朋友说，咖啡馆和公娼馆，各处都有，不过不及巴黎之为尤盛罢了。

记者因欲探悉法国的下层生活，曾和朋友于深夜里在街道上做过几次"巡阅使"，屡见有瘪三式的人物，臂膊下面夹着一个庞大的枕头，静悄悄地东张西望着跑来跑去，原来这些都是失业的工人，无家可归，往往就在路旁高枕而卧，遇着警察，还要受干涉，所以那样慌慌张张似的。法国在各帝国主义的国家中，受世界经济恐慌的影响，比较的还小，据我们所知道的，法国失业工人已达一百五十万人，但法当局讳莫如深，却说只有二十四万人（劳工部最近公开发表注册领救济费者），最近颇从事于修理各处有关名胜的建筑和机关的房屋，以及修理不必修的马路等等，以期稍稍容纳失业工人，希冀减少失业人数装装门面，但这种枝节办法能收多大的效用，当然还是个问题。向政府注册的失业工人每月原可得津贴三百法郎，合华币六十圆左右，在我们中国度着极度穷苦生活的民众看来，已觉不错，但在生活程度比我们高的法国，这班工人又喜欢以大部分的收入用于喝酒，所以还是苦得很，而且领了若干时，当局认为时期颇久了，不管仍是失业，突然来一个通知，把津贴停止，那就更尴尬了。这失业问题，实是给帝国主义的国家"走头无路"的一件最麻烦的事情。

但是在法国却也有它的优点，为产业和组织落后的殖民地化的国家所远不及的，记者当另文叙述奉告。

关于巴黎的特征，还有一点可谈的，便是关于性的解放的情形，这和两性关系，婚姻制度，妇女地位等等，都有相当的关系，说来话长，下次再谈吧。

廿二，九，六，晚，记于巴黎。

原载 1933 年 12 月 9 日《生活》周刊第 8 卷第 49 期，署名韬奋。

在法的青田人

关于在欧洲的我国的浙江青田人，记者在瑞士所发的通讯里，已略有谈及，到法后所知道的情形更比较地详细。这班可怜虫的含辛茹苦的能力，颇足以代表中国人的特性的特征！而眼光浅近，处于侮辱和可怜的地位，其情形也不亚于一般的中国人，我每想到这几点，便不禁发生无限的悲感。

据熟悉青田人到欧"掌故"的朋友谈起，最初约在前清光绪末年，有青田人某甲因穷苦不堪（青田县为浙江最苦的一个区域，人民多数连米饭都没得吃），忽异想天开，带着一担青田所仅有的特产青田石，由温州海口而飘流至上海，想赚到几个钱以维持生活，结果很不得意，不知怎的竟得由上海飘流到欧洲来，便在初到的埠头上的道路旁，把所带的青田石雕成的形形式式的东西排列出来。欧人看见这样从未看见过的东西，有的也被唤起了好奇心，问他多少价钱，某甲对外国话当然是一窍不通，只举出几个手指来示意。这就含混得厉害了！有时举出两个手指来，在他也许是要索价两毛钱，而阿木林的外国人也许就给他两块钱。这样一来，他便不久发了小财。这个消息渐渐地传到了他的本乡，说贫无立锥之地的某某，居然到海外发了洋财了，于是陆陆续续冒险出洋的渐多，不到十年，竟布满了全欧！最多的时候有三四万人，现在也还有两万人左右，在巴黎一地就近两千人。

洋鬼子最初虽不注意青田石的这项生意，而且是神不知鬼不觉的漏进来的，没有什么捐税，我国的青田人才得从中取些小利，后来渐渐知道源源而来，便加上捐税，听天由命的中国人在这方面的生意经便告中断，但人却来了，自问回中国去还更苦，于是便以各种各色的小贩为生。他们生活的俭苦，实在是欧洲人所莫名其妙，认为是非人类所办得到的！现在巴黎的里昂车站（Gare de Lyon）的附近有几条龌龊卑陋的小巷，便是他们丛集之处，往往合租一个大房间，中间摆一张小桌子，其余的地板上就是铺满着的地铺。穷苦和龌龊往往是结不解缘的好朋友，这班苦人儿生活的龌龊，衣服的褴褛，是无足怪的，于是这些地方的法国人便都避之若蛇蝎，结果成了法国的"唐人街"，法国人想到中国人，便以这班穷苦龌龊过着非人生活的中国人做代表！有人怪这班鸠形鹄面的青田小贩侮辱国体，但是我们平心而论，若国内不是有层出不穷的军阀官僚继续勇猛的干着"侮辱国体"的勾当，使民不聊生，情愿千辛万苦逃到海外，受尽他人的蹂躏侮辱，这班小百姓也何乐而为此呢？他们这班小贩这样说：每日提箱奔跑叫卖，只须赚得到一个法郎（就法国说），就是等于中国的两毛钱，每月即等于中国的六块钱，倘能赚得到三个法郎，每月即有十八圆，这在他们本乡青田固不必想，即在今日的中国，在他们这样的人，也谈何容易！所以他们情愿受尽外人的践踏侮辱，都饮泣吞声的活着，因为他们除此外更想不到什么活路啊！

在巴黎的青田小贩所以会丛集于里昂车站的附近，还有一个理由：因为他们大多是由海船来的，由马赛上岸到巴黎，这是必经的车站。这班人由中国出来，当然没有充足的盘川，都是拼着命出来的，到了马赛，往往腰包就要空了，尽其所有，乘车到里昂车站，到了之后是一个道地十足的光棍，空空如也，在马路上东张西望，便有先到的青田人（他们也有相当的组织）来招待他去暂住在青田人办的小客栈里，青田小贩里面也有发小财的（多的有二三十万的家资），便雇用这种人去做小贩，他便从中取利。所以在这极艰苦的事情里面，也还不免有剥削制度的存在！这种小贩教育程度当然无可言，不懂话（指当地的外国语），不识字，不知道警察所的规章，动辄被外国的警察驱逐毒打，他们受着痛苦，还莫名其妙！当然更说不到有谁出来说话，有谁出来保护！呜呼中国人！这是犬马不如的我们的中国人啊！

这班青田人干着牛马的工作，过着犬马不如的非人的生活，但是人总是人，疲顿劳苦之后也不免想到松动松动的娱乐。巴黎是有名的供人娱乐的地方，但在这班小贩同胞们，程度决够不上，无论咖啡馆也罢，跳舞场也罢，乃至公娼馆也罢，他们决没有胆量进去问津，于是他们里面比较有钱的人便独出心裁，开办赌场，打麻将，抽头，精神上无出路的小贩们便都聚精会神于赌博，白天做牛马，夜里便聚起来大赌而特赌，将血汗得来的一些些金钱都贡献给抽头的老板们！这几个开赌场的老板们腰包里丰富了，便大玩其法国女人，一个人可包几个女人玩。最后的结果是小贩们千辛万苦赚得的一些血汗钱仍这样间接地奉还大法兰西！

这班可怜虫过的是不如犬马的生活，同时也是盲目的生活，无知的生活。往往因为极小的事情，彼此打得头破血流！前几个月里有因赌博时五十生丁（约等中国的一角钱）问题的极小事故，两个人大打其架，不但打得头破血流，竟把一个人打死了！法国警察发现了这个命案，当然要抓人，听说这个"打手"在同乡私店里多方躲藏，至今尚未抓到。

这班青田人有的由海船不知费了多少手续偷来的，有的甚至由西比利亚那面走得来的，就好的意义说，这不能说他们没有冒险的精神，更不能说他们没有忍苦耐劳的精神，但是有这样的精神而却始终不免于"犬马"的地位，这里面的根本原因何在，实在值得我们的深刻的思考。

廿二，九，廿九，记于巴黎。

由巴黎到伦敦

记者提笔写这篇通讯的时候，到伦敦已有一个多月了，因为预计所已寄出的文稿，还可供《生活》许多时候继续的登载，所以到今天才动手续写通讯；但这一个多月的时间却也支配得很忙。大概上半天都用于阅览英国的十多种重要的日报和几种重要的杂志，下半天多用于参观，或就所欲查询的问题和所约的专家谈话，晚间或看有关系所查询问题的书籍，或赴各种演讲会（去听不是去讲），或约报馆主笔谈话，或参观报馆夜间全部工作。每天从床铺上爬起来，就这样眼忙耳忙嘴忙，忙个整天。

记者系于九月三十日上午十点钟由巴黎动身，当日下午四点五十五分到伦敦。由巴黎到伦敦须渡英国海峡（English Channel），原有四条路线可走，而以走加雷（Calais）和杜佛（Douver）一条路线，所经海峡距离最短。记者在事前就听见朋友说起经过英国海峡虽为时仅两小时左右，但风浪极大，无论怎样富于旅行经验的人，却不得不吃些苦头，记者因怕晕船，不必要的苦头可免则免，所以就选走这条海峡距离最短的路——先由巴黎乘火车到加雷（法境），由该处离火车乘轮渡海峡，达杜佛（英境），然后再乘火车到伦敦。到通济隆买票的时候，才知道要走这条路，由巴黎到加雷的火车只有头二等，没有三等，这个竹杠只得让他们敲一下了。轮上，因预得朋友的警告，说三等晕得更厉害，千万要坐二等，我也只得照办，不过从杜佛到伦敦的一段火车却仍坐了三等。

下午两点钟开始渡海峡，一到船上，阴云密布，凛风吹来，气候就特别冷起来，许多男女老幼搭客身上都穿了冬天厚呢大衣，我却只穿了一件春季夹大衣，可是此时满心准备着大尝一番晕船苦楚，危坐待变，身上虽似乎有些发抖，却不觉得怎样冷。船上原有大菜间供搭客们吃中饭，但一则因为这种地方价钱都特别昂贵，二则因为准备晕船不宜果腹，所以我便打定主意叫自己的肚子饿一顿。记者饿着肚子坐着待变的时候，一面纵览同船的许多老的，少的，男的，女的，形形色色的搭客；一面却另有一种感触，觉得我所以肯，所以能不怕怎样大的风浪在前面，都鼓着勇气前进，只有应付的态度，没有畏避的态度，就只因为我已看定了目的地——所要达到的明确的对象——又看定了所要经的路线。此事虽小，可以喻大。

但是事情却出乎意料之外！我睁着眼巴巴地望着海面，准备着狂风怒涛的奔临，却始终未来，等到船将靠岸，随着大众从第二层甲板跑到最高一层甲板时，大风骤作，有许多太太小姐们的裙子随着大衣的衣裾被风吹得向上纷飞，她们都在狂笑中用手紧紧地拉着，一不留神，大腿和臀部都得公开一下，引得大家哄笑，还有许多"绅士"（"gentleman"）们的帽子也被大风吹得满地（甲板上）滚。搭客们就这样笑做一团，纷纷上岸。

由瑞士到法国时，火车驶入法境后，仅由法国海关人员在火车上略为翻看搭客的箱子（火车同时仍在继续前行），此次由法到英，上岸后却须到海关受一番盘查。他们把本国人（英）和外国人分做两起，经两个地方出入。凡是本国人，只须看一看护照，就放过。一大堆外国人（其中以法国人占多数，中国人就只记者一人）便须于呈验护照后，由海关人员十几人各在一张桌旁，向客人分别查问。有个海关人员问到记者时，问我来英国干什么，我说我是个新闻记者，现在欧洲旅行考察。他很郑重地问："你不是来找事做的吗？"我开玩笑地答他道："我是来用钱，不是来赚钱的！"他听了笑起来，问我钱在那里，我刚巧在衣袋里有一张汇票，便很省便地随手取出给他看一看，他没有话说，只说如在英居住过了三个月，须到警察局登记，说完就在我的护照上盖一个戳子，后来我仔细看一下，才知道这戳子上面还郑重注明："准许上岸的条件，拿此护照的人在英国境内不得就任何职业，无论有薪的，或是无薪的。"总之他们总怕外国人来和他们抢饭吃就是了，这大概也是他们失业恐慌尖锐化的一种表现。

离了海关，提着衣箱赶上火车，于拥挤着的人群中勉强找得一个座位，便向伦敦开驶。英国火车的三等比意大利的好得多了，六个人一个房间，有厚绒的椅子，椅下还有弹簧，我国火车的二等还比他们不上，三等更不消说了。车行不久后，天气放晴，气候也和暖起来了，向左右窗外看看，乡间房屋多美丽整洁，比法国的乡间好，和在瑞士乡间所见的仿佛。途经一个很大的墓地，几百个十字架式的墓碑涌现于鲜花青草间，异常清丽，但见东一个西一个妇女穿着黑衣垂首跪在碑前，想象她们不知洒了多少伤心泪！

到后因已承朋友先为租好了一个人家的房间，便搬进去住。伦敦的街道，大街固然广阔平坦，就是住宅区的比较小的街道，也都是像上海静安寺路或霞飞路那一样的光滑平坦整洁。住宅大都三层楼，门口都是有余地种些花草。记者所租的房间，也在这样状况中的一所屋里。这种一般的小住宅，里面大都设备得很整洁讲究，在马路上就看得见华美的窗帷，不但房里有花绒地毯，就是楼梯上也都铺有草绒地毯。拉水马桶和自来水浴室也都有。房里都有厚绒沙发可坐。除东伦敦（East London）的贫民窟外，这可算是一般人民水平线以上的普通生活，这当然不是上海鸽子笼式房屋的生活所可同日而语了，至于连鸽子笼式房屋还没得住的人，那当然更不消说。不过记者在伦敦现在所住的这个屋子，却有些特殊的情形，这些未尝不是英国社会一部分的写真，下次再说。

廿二，十一，五，伦敦。

华美窗帷的后面

　　记者上次曾经谈起伦敦一般居民的住宅，除贫民窟的区域外，都设备得很清洁讲究，在马路上就望得见华美的窗帷。但在这华美窗帷的后面究竟怎样，却也不能一概而论。像记者现在所住的这个屋子，从外面看起来，也是沿着一条很清洁平坦的马路和行人道，三层洋房的玲珑雅致，也不殊于这里其他一般的住宅，华美的窗帷也俨然在望，但是这里面的主人却是一个天天在孤独劳苦中挣扎地生活着的六十六岁的老太婆！她的丈夫原做小学教员，三十年前就因发神经病，一直关在疯人院里，她有两个儿子，一个女儿，大儿子二十岁的时候就送命于世界大战，第二个儿子也因在大战中受了毒气，拖着病也于前两年死去了，女儿嫁给一个做钟表店伙计的男子，勉强过得去。于是这个老太婆就剩着一个孤苦零仃的光棍。这个屋子她租了二十年，房屋依然，而前后判若两个世界，她还得做二房东以勉强维持自己的生活，租了六个房客（中国房客就只记者一个），因租税的繁重，收入仅仅足以勉强糊口，每天要打扫，要替房客整理房间，要替各个房客预备汤水及早餐，整天地看见她忙得什么似的。她每和记者提起她的儿子，就老泪横流，她只知道盲目地怨哀，她的儿子给什么牺牲掉，她当然不知道。处于她这样前后恍然两世的环境中，在意志薄弱的人恐怕有些支持不住，而她却仍能那样勤苦的活下去，我每看到这老太婆的挣扎生活，便觉得增加了不少对付困难环境的勇气。

房客来去当然是不能十分固定的，遇有房客退出，她的租税仍然是要照缴的，于是又增加了她的一种愁虑。记者搬入居住的时候，她再三郑重的说，如果住得久，她要把沙发修好，要换过一个钟，我听了也不在意，第二天偶然移动那张老态龙钟的唯一的长形大沙发，才知道不仅弹簧七上八下，而且实际仅剩了三个脚，有一个脚是用着几块砖头垫着的，至于那个钟，一天到晚永远指着九点半！地上铺着的绒地毯也患着秃头或瘌痢头的毛病。她三番四次地问我住得怎样，提心吊胆怕我搬家，我原是只住几个月，便马马虎虎，叫她放心。至今那张老资格的沙发还是三只脚，那个钟还是一天到晚九点半！她往往忙不过来，索性把我的房间打扫整理暂时取消，我一天到晚忙着自己的事情，没有工夫顾问，也不忍多所顾问。有一次有一位中国朋友来访我，刚巧我不在家，她对这位朋友把我称赞得好得异乎寻常，说她的屋子从来没有租给过中国人，这是第一次，现在才知道中国人这样的。后来这位朋友很惊奇地把这些话告诉我，我笑说没有别的，就只马虎得好！这几天有一个房客退租了，她便着了慌，屡次问我有没有朋友可以介绍（这位老太婆怪顽固，不肯租给妇女，说不愿男女混杂，并说向来不许有"女朋友"来过夜）。在资本主义发达特甚的社会里，最注重的是金钱关系，一分价钱一分货，感情是降到了零度，没得可说的。

我曾问她为什么不和女儿同住，免得这样孤寂劳苦，她说如果她有钱，尽可和女儿同住，一切关于她的费用，可由她照付，如今穷得要依靠女婿生活，徒然破坏女儿夫妇间的快乐，所以不愿。在现社会里，金钱往往成为真正情义的障碍物。

附近有个女孩子，十四岁，她的父亲是在煤炭业里做伙计的，平日到义务学校就学，每遇星期六及星期日便来帮这老太婆扫抹楼梯及其他杂务，所得的酬报是吃一顿饭，取得一两个先令，人虽长得好像中国十六七岁的女子那样大，但因贫困的结果，面色黄而苍白，形容枯槁，衣服单薄而破旧，她每次见到记者，便很客气地道早安，我每看到她那样的可怜状态，未尝不暗叹这也是所谓"大英帝国"的一个国民！

当然，记者并不是说这一家"华美窗帷的后面"情形便足以概括一般的情况，不过在社会里的这一类的苦况，很足以引起特殊的注意，尤其是在经济恐慌和失业问题闹得一天紧张一天以后。由此又令我连想到另一件事。前天我在伦敦的一个中国菜馆里请一位朋友同吃晚饭，谈得颇晚，客人渐稀，不久有一个妙龄英国女子进来，坐在另一桌上，金发碧眼，笑靥迎人，沉静而端庄，装束也颇朴素而淡雅，从表面看去，似乎无从疑心她不是"良家妇女"，但这位朋友却知道她的身世凄凉，因受经济压迫而不得不以"皮肉"做"生产工具"。我为好奇心所动，就请认识她的这位朋友把她请过来，请她同吃一顿饭，乘便详询她的身世，才知道她的父亲也是参加世界大战而送命的，母亲再嫁，她自己入中学二年后，便因经济关系而离校自食其力，在一个药房里的药剂师处当助手，做了两年，对此业颇具经验，但后来因受不景气的影响，便失业了，忍了许多时候的苦，才在一个商店里找到一个包裹货品的职务，小心谨慎地干着，不久又因经济恐慌而被裁，于是便加入失业队伍里面去了，多方设法，无路可走，除求死外，只得干不愿干的事情。她此时虽在干不愿干的事情，但因青春美貌还能动人，所以对"男朋友"还能作严格的选择，我说青春易逝，美貌不留，不可不作将来打算，不择人而嫁，便须极力寻业，她说嫁人不能随便在街上拉一个，很不容易，寻业已想尽方法，无可如何，并说比她更苦的女子还多着哩，有不少女子终夜在街上立着候人，直到天亮无所获而垂头丧气，甚至涕泪交流的，所在多有。据记者所见，她的话并非虚伪的，平日我夜里十点后总不出外，最近因参观几个大规模的报馆，往往深夜始归，那样迟的时候，公共汽车及地道车都没有了，汽车（"taxi"）又贵得厉害，只得跑腿，上月三十日夜里参观泰晤士报馆（"The Times"），走过日间很闹热的大街叫作 Charing Cross 的时候，已在夜里两点钟后，果见两旁行人道上每隔几家店门便有女子直立着等候什么似的，因怕警察干涉，仅敢对你做媚眼，或轻声低语，这类"站班小姐"大概都比较的年大而貌不扬，找不到"男朋友"，只有"站班"的资格了！

廿二，十一，八，晚，伦敦。

英伦的休战纪念日

昨天早晨（十一月十一日）"房东太太"捧着早餐走进记者房间以后，一面布置杯盘，一面她的眼眶里却盈满了晶莹着的热泪，颤抖着呜咽着对记者说道："今天是休战纪念日（Armistice Day），在十一点钟的时候，全体人民都举行两分钟的静默，脱帽示敬——对为大战所牺牲的勇士们示敬。"她说着的时候，那老泪就忍不住地在她的脸上直滚着。记者曾经说过，这位老太婆所仅有的两个儿子都是为着参加世界大战而送命的，在这天她的情绪上的深刻的悲痛，是不消说的了。我只得安慰她几句——虽明知这种空言的安慰是无济于事的。

记者被她提醒以后，匆匆地吃完早餐，略翻阅一部分的当天报纸，便向外跑，要看看"全体人民""两分钟静默"的情况，一出了门，就有一个妇女捧着一盘的薄绸制成的红花，一手还提着一个罐头式的封好挖着洞的钱筒，迎笑着请我买一朵，我问后知道是捐给残废兵士用的，花分六辨士和一先令两种，便买了一朵六辨士的，将钱掷入钱筒，她便把一朵红花插在我的大衣左旁的领上，彼此道谢而别。我继续进行着，看见东一个西一个同样地持着盘摇着筒兜售红花，才知道今天这朵花是不得不买的，因为买了一次便等于一张"通行证"，免得再麻烦了。不一刻，看见什么人的身上都插有这样的一朵红花，老的小的，男的女的，粗的细的，都有。望望汽车上，货车上，汽车夫都插有，穿着破旧衣服的清道夫身上也插一朵，乃至路旁站着或坐在地下，身上穿着破烂不堪衣服的叫化子，身上也插有一朵；据说这都是残废军士在一年中制造的，在这一天便有无数的市民自愿尽义务代售。在这一天，英国全国的街上这样售出的红花达四千万朵。这些红花，在许多孤儿寡妇老父慈母看来，实象征他们的亲爱者无辜为帝国主义所牺牲者的鲜血！我的那个头发尽白的"房东太太"，对着这朵红花就不知道要陪了多少眼泪！要唤起了多少哀思！又像我在上次文里谈起在伦敦一家中国菜馆里所遇见的那个可怜的英国女子，她的父亲也死于大战，她自己弄到今天竟因失业而不得不干"不愿干的事情"，在这天对着这朵红花，念到她自己的飘零的身世，也不知道要怎样地"柔肠寸断"，泣不成声！

记者在熙来攘往的人丛中跑了一段，跳上一辆公共汽车，向前直驶，刚开到很热闹的托丁汉可脱路（Tottenham Court Road）和新牛津街（New Oxford Street）的转角，恰到了十一点钟，只听见一个炮声，各车立刻停止，喧嚷嘈杂的街市，顷刻间成为万籁俱寂毫无声息的境域，我车里的那个穿着制服的售票员立刻脱帽立正致敬，全车的人都立起来，男的都脱着帽，呆若木鸡似的，有两三岁的孩子轻声说些什么，也被他的母亲禁住，他只得睁大着眼睛发怔。我原是夹在里面看热闹的，但也未便独自一个人还堂皇坐着，所以也依法炮制，随着大家脱着帽立着。但我这时候却像在教会学校时照例做礼拜一样，我心里却另在转我的念头。尤其有趣的是各店口的男女伙计们，以及行人道上的男女老幼，他们都于顷刻间各就原有的方向及地位呆立着不动，好像大家同时受着电气似的偶像！两分钟到了，炮声一响，街路上又像车水马龙似的动起来，好像受着电气似的偶像，同时也好像听了"开步走"的口号，蠕蠕地动起来。这种现象确可以表示他们一般人民的训练程度——虽则这种所谓"休战纪念"在实际上没有多大的意义，甚至可以说毫无意义，因为年年干着这样的"纪念"，年年在这一天，各国的大人先生们都要举行老调的典礼，凑凑热闹，像英国在这一天便要由英王把花圈放在参战兵士的纪念碑前（这次有雾，英王怕有碍身体，未出来，由威尔士亲王代行），全国教堂都做礼拜祷告，大唱"哦，上帝啊，我们几千年来的救助者（O God, Our Help in Ages Past）"，有什么用？老调儿弹了十五年了，现在各帝国主义者正在准备着再来一次更惨酷的战争！

据英国作家威尔士（H.G.Wells）的预料，下次的世界大战里面，要死亡人类的半数。这并非夸张的话，在事实上有可能的。在前次世界大战的时候，毒气杀人的惨酷，已极可惊，最近英国在销路最广的报纸里占一位的《每日快报》（"Daily Express" 每日销数达二百万份）曾出一本关于前次世界大战的相片专集，其中惨象历历在目，受毒气而立刻死倒遍地的固惨，而成群结队的士兵，来不及戴上避毒面具，眼睛因受毒气而立刻成为瞎子的，垂头丧气痛哭流涕，一个一个瞎子用手摸着前面的瞎子肩上前行着，其不死不活的惨象更令人不忍注目！但是现在更进步了！据英国的重要杂志所记载的事实，这几年来各帝国主义的国家对于杀人毒气更有异常进步的研究，所造成的结果可比以前增加无数的惨酷，在他们且自诩为这是所谓"化学战争"（"chemical warfare"）。尤其可骇的，是他们除努力发明"化学战争"的种种毒气外，又在努力发明什么"病菌战争"（"bacteriological warfare"），可由飞机上掷下特制的装满瘟疫病菌的玻璃球，经这种病菌摧残的任何城镇，可于短时间内全数死亡，其效果比炸弹还要广，这是何等惨酷的事情，但却是各帝国主义者努力准备着干的。在这样的形势下，虽力竭声嘶大唱"哦，上帝啊……"，即使叫破了喉咙，有什么用？所以在伦敦有的报上老实说所谓"休战纪念"简直是和死者开玩笑！在这班不幸的死者，如说句宁波话，便是"阿拉白死脱"！

廿二，十一，十二，晚，伦敦。

再到巴黎

记者自今年（一九三四）二月七日把关于英国的"寄语"结束之后，这两个多月以来，"萍踪"又由静而动，由英而法，由法而比，由比而荷，由荷而德，持笔续写这篇"寄语"时，已由德国回到出发点的伦敦了。我现在的职责就是要陆续把这两个月以来的闻见和感想，报告给《生活》周刊的读者和朋友们（记者记此时，虽已很痛心地知道《生活》周刊被迫停刊了，但我深信《生活》周刊的精神是永远存在的，因为它所反映的大众的意志和努力不是一下子可以消灭的）。

巴黎为记者旧游之地，关于法国的情形，也已略有所述，此次由伦敦出发，注重在考察德国，顺便看看附近的比利时和荷兰两国，但因为有几位在法的《生活》的好朋友在我上次到法时，匆匆未及晤谈，坚嘱再弯到巴黎几天，在我也因为上次因要赶赴伦敦大学开学的日期，关于巴黎还有几处要看而未及看的地方，加以正在我想去的时候，巴黎刚在史达维斯基（Stavisky）大弊案发现后，政潮汹涌，闹得乌烟瘴气的当儿，新闻记者是爱管闲事的，也想藉此机会去瞧瞧向占欧洲所谓"民主政治"第二把交椅的法兰西。

法国的阁潮，向来是有名于世的，自世界大战到最近杜美格（Doumergue）在大扰乱中起来组阁为止，不到二十年，已有了三十一次的内阁，有的内阁成立几天就短命，有的刚成立就倒，但虽起来倒去，而政策却差不多，没有什么根本的变化，尤显著的是对外的政策，政党虽有左右派之称，左派最大的党是所谓激进社会党（Radical Socialist Party），其实既不"激进"，也和什么"社会"主义风马牛不相及，是道地十足的一个布尔乔亚（Bourgeois）的大集团，所以翻来覆去，都不外那一套"换汤不换药"的玩意儿！史达维斯基的大贿案，和这次内阁及众议院的大坍台，固为所谓"民主政治"者多露一次破绽，加上一道催命符，但政权既仍在布尔乔亚的手里，虽一时闹得怪好看，根本也就不过那么一回事罢了。

在这次政潮中，有两件小事颇堪发噱，一件是法国行动党（Action Fransaise 即保皇党）的机关报对曾任外交部长的政界要人彭古（Paul Boncour）大开玩笑，彭古本属社会党，后来因为和激进社会党的领袖赫利欧（Herriot）合作，遂脱党，据说他曾经做过史达维斯基的娇妻爱勒特（Arlette Simon）的律师，非常要好，甚至说和她有过什么特殊的关系，自从这个大贿案发生之后，法国保皇党的机关报每在新闻里有提到彭古名字的时候，总把爱勒特加在彭古的名字里面，成为 Paul-Arlette-Boncour ！竟把他的尊姓大名这样地改造了！

还有一件事是这样：这次法国政潮弄得满城风雨，在街道上打得头破血流，前总统杜美格退隐在乡间里，被现任总统强请出来组阁，他已是八十多岁的老翁了；在这个时候，比国的国王亚尔培（Albert 1875—1934）爬山跌死，他的儿子利阿波第三（LeopoldIII）随即承继王位，法国的保皇党看了在机关报上大放厥辞，说这种制度多么好，嗣王年轻有为，承继王位的手续又省，何必像法国还要那样跑到乡间去拉出一个快要死的老头儿来，多么费事。中国话有所谓"仁者见仁，智者见智"，一人的见解，往往很容易受他的背景所蒙蔽，这样的情形被保皇党看见了，便认为是他们所以要"保皇"的十足的理由！

这次再到巴黎，补看了好几个地方，现在撮述一二附记在这里。一处是众议院（Chambre des Députés）。这里面的情形，和在伦敦所见的众议院似乎不同。英国的众议院的议厅是长方形的，议员座位是同置在一个平的地板上；法国的众议院的议厅却是半圆形，议员的座位是一排高一排，半圆形地排在议长席的前面，建筑似乎比英国的宏丽。尤不同的是他们开会时的情形，在英国的众议院开会的时候，秩序比较好，一人说话未完时，别人很少起来插嘴，讲到得意时，本党的人也不过附和急叫"hear！hear！"罢了，记者曾在该处旁听了一小时之久，所见都是如此；在法国众议院里所见的却有些不同，我在四月二十日那天下午五点钟前十分到那里，五点钟起开始开会，五点四十分即闭会，简直是四十分钟继续不断的一场大吵闹，本党人发言，本党的议员大鼓其掌，反对党的议员便同时你一句我一句插着大声瞎闹，此时最难做的是议长，拿着一个戒尺在桌旁打着，不行，就大摇桌上的钟（这钟的声音，好像救火车在马路上驶过时的钟声一样），有时可因此略停数分钟吵闹，不久又闹做一团；有时连这几分钟的效验都没有，议长好像气得发昏的样子，只得尽他们提高嗓子大闹着，待其自然的停止，不久又闹了起来！据久在法国的朋友说，众议院里这样哄做一团的情形是常事，有时大闹不停，议长无可如何，只得暂时退席以避之，因为议长走了，会议便等于暂停，大家得随意离席，暂作鸟兽散，闹的人也就闹无可闹！那天所议的是通过财政预算原则案，政府派希望大体通过，反政府派主张须逐项付议，结果是政府派占了胜利。那天旁听席上的人很多，大家看着那样闹得不亦乐乎的样子，都忍俊不住的大笑。这全部分的四十分钟，就没有一刻不在这样吵着叫着闹着笑着里面过去。我出了众议院的门口，还独自一人对自己发笑着。

在伦敦和巴黎都各有一个蜡人馆，在伦敦的称为杜索夫人的展览会（Madame Tussand's Exhibition），在巴黎的称为格雷温博物院（Musée Grévin）（都是以创办者的名字为名）。所谓蜡人者，并不是全身都用蜡做的人像，却是用蜡做的人头，人手，装在穿着真的衣服的身体上（这身体当然也是造成的）。就是面上的眼毛或胡子，头上的头发，也和真的一样，人身的大小和真的人一样，所以看的人厕身其间，竟好像钻进了人丛中。其中有的是现在还生存着的，有的是刚死的，有的是死去多时的了，好像古今生死同聚一堂！各国历史上及现代最著名的人物大概都有，例如美国有名的总统，就有几十个跻在一处，有坐的，有立的，此外如文学家，艺术家，飞行家，电影明星，乃至运动健将，如网球健将之类也有。尤有历史意味和价值的，是若干幕历史上引人注意的事件，例如拿破仑临终，罗兰夫人受审等等的全幕人物布景，用各色电灯陪衬，令人如身临其境。伦敦的比巴黎的好。在伦敦的蜡人馆里，还在地窖里布置许多被监禁或枪决的著名犯人，阴气逼人，如游阴间（这是想象之辞，并非记者相信有阴间，更未曾游过阴间）。在入口处，就有一个杀了头的人身，旁立着迎接你！在第二个门口上，旁边有个穿制服的青年闭眼坐着，看上去和别的蜡人一样，大家都不以为异，等围看的人略多，那个人忽然立起来，弄得大家惊吓一跳！里面有个"鸦片窟"布置着一个拖辫子的中国人服侍两个英国水兵吃鸦片。那个中国人只有一根辫子，和短衫裤子算是他的特征，那个面孔仍是西洋人的面孔，但在这样富有民众教育意味的机关，替中国人丢脸也就够了！从前有位朋友沧波在他所著的《伦敦闲话》一文里（见生活书店出版的《深刻的印象》一书），曾提及该馆里关于中国名人的像，就只在一个屋角里看见被称为"广东的省长""型像面色特别黄黑"的中山先生。我去看时，已找不到，大概他们把"广东的省长"都取消了！留下来的就只有那位拖着辫子服侍两个英国水兵吃鸦片的仁兄！在巴黎的蜡人馆里，关于中国的只有一幕所谓"中日之战"，是日本人打长城的布景，其中中国长城上竟阒无一人，不知道他们是否认为这是"一面抵抗，一面交涉"的象征！

我从另一方面想，我们自己倘能设立一个蜡人馆，却很有民众教育的价值，至少可将历来为革命而牺牲的许多烈士，尤其是辛亥革命之后，慷慨起义，临危舍命的种种惨状，把他们好好的布置起来，使人常常想到许多烈士的惨痛牺牲，现在所换得的是什么？尤希望那般拿革命做幌子而穷奢极欲无恶不作的高官显要们能有看到的机会！

关于巴黎的"玻璃房子"，以前不过听人谈起，还没有工夫去看，这次再到巴黎，也抽暇去参观一下。我和一位朋友于一个夜里去看，到后照例叫了两杯酒，和朋友围坐在一个桌旁，有几十个赤身裸体的女子来周旋，有一个挨到我的身上来做尽媚态，劝"开房间"，她——可怜的她——此时眼中所看的是法郎，心里所想的是法郎，无所不可的都是为着法郎！到了这样情况之下，什么美的观念都没有了，我和那位朋友坐了不到五分钟，连酒都没有喝，就匆匆地离开了这"人间地狱"。

一九三四,五,三，记于伦敦。

一个从未和中国人谈话过的德国女子

记者于三月二日上午十点二十七分钟离开荷兰的商业首都安斯特丹姆，当夜九点三刻到柏林。

一连坐着十一小时左右的火车，这在欧洲旅行中算是比较地长久的旅程了。一个车厢里的座位可容八个人，进门分左右座，每旁四人，门的对方是个窗口，窗下有可升降的小桌子两个，这是欧洲各国火车大同小异的布置。这天我所乘的这个车厢，最初只有我一个人，坐在近窗的一个位置，后来陆续进来了三四个，都是男子，不久车过洛特丹姆时，有个女子上车进来，坐在和我的座位适成对角的近门的那个座位上。这女子很有健康美，两个晶莹的蓝眼睛，两颊桃红色的白润面孔，一头蓬松的黄金发，都颇动人，就是稍稍肥胖了一些。我和其他几个男子都在看书，独有这个女子眼珠滚转着东张西望，瞧这个，瞧那个，但全车厢里都没有人谈话，静寂沉默笼罩着全部的空间。到下午三点钟左右，其他男子都逐渐下车去了，所余下的只是坐在车厢里两对角的我和那个青年女子。我看书也看得倦了，便把书放下，向窗外纵览车外的野景，不一会儿，那个女子移到我对面的那个也近窗口的座位坐下。旅行的人最喜欢和各地人民有谈话的机会，我看她的态度很倜傥，便问她懂不懂英语，她欢然笑着说懂，于是才开始谈话。原来德国的中学和法国一样，除读本国文外，在法还要学习英德两国的语言文字，在德还要学习英法两国的语言文字。他们学习这两种外国语的重要目的都偏于养成阅看书报及翻译的能力，对于会话不见得都很高明，但因此一般中学毕业过的男女都大概能说几句。我所遇着的这个德籍女子，后来由谈话里知道她是中学毕业过的，所以除她的本国语外，法语和英语都能说几句，在她的意思，她的英语比法语好，我听起来虽觉得还有不少牵强处，但至少是可以传达她的心意了。她说从来未曾和中国人晤谈过，初看见我的时候，以为我是日本人。我们两人把彼此的话匣开放了之后，一谈就谈了几点钟，她的谈天的劲儿，比我还要好。我们起先谈些荷兰的景物，后来她把身世以及个人的婚事等等，都和盘托出地，全都告诉了我。德国女子的坦白豪爽，确为他国女子所不及，虽则她在谈话若干时间后，对我表示特别的好感和信任，她说从来未曾和中国人晤谈过，不料一接谈即觉中国人是好朋友。

这个德女年龄二十五岁了，父早死，母再嫁，她中学毕业已八年了，这八年来就在柏林一个化妆品公司里任事，已升到一部的主任，常被公司派到国外去开展览会，替公司推销货品，最近是被公司派到荷兰洛特丹姆去干这同样的职务，才结束遄回柏林的。听她所谈，对于她公司的事务布置得有条不紊，看去她似乎是一个很有干材的女子。她说她已定婚了，未婚夫的年龄比她大得多，三十八岁了，我乘这机会说："那你年轻多了！"这句话探出她自己的年龄，说是二十五岁（西俗对初交女子不应直问年龄的）。她也乘这机会问我的年龄，我说："你猜猜看！"她仔细对我相了一下，说大概二十六岁。她自以为猜得很准，不待我承认或是否认，便又很柔婉地谈谈她自己的事实，我只凝眸微笑着静听她的话语。

　　这位 E 女士定婚已四年了，她的未婚夫 S 君原是一个无线电公司的经理，每月有五百马克经常的收入，自备了一辆汽车，在四年前她的母亲带着她和几个女友在某跳舞场的时候（这种跳舞场里的女子都有母亲陪伴着，算是正当交际的一种地方，和"狂蜂浪蝶"的跳舞场又不同），桌子都没有空的了，S 君刚巧也和一个朋友同到这里来，因她的桌旁还空着两个位置，便得到她母亲的许可，加入共谈。S 君对 E 女士一见倾心，第二天就到她家里来（当时也就是在她的母亲的家里）访她，第三天就提议定婚。她说婚事那有这样快，不许，后来做了两个月的朋友，她的母亲和后父都极力怂恿，便定了婚。不料 S 君在定婚之后，正是世界经济恐慌的狂潮开始的时候，各业大概都受着影响，他的公司也在这"狂潮"中倒闭了，他便失了业，一失业就失了四年，迄今虽千方百计，仍是不免失业，因此定了四年的婚，直至如今还未能结婚。她说不但她一个人遭此厄运，她有女同学九个都已定了婚，都因为她们的未婚夫陷入了失业的队伍，大家都未能结婚。她的那个笑靥迎人的面部忽而装作苦脸，说照现在的情形看去，恐怕十年八年无法恢复经济的原状。我说你们新结婚，只须实行节制生育，生活也可比较地简单，结婚似乎也不妨实行。她说不然，依希特勒新颁的法律，男女结了婚，只许男子就业，女的便须做"家子婆"（英文的 Housewife，用上海话的"家子婆"译意，似很确切），倘若她就结婚，S 君既未能得到职业，她还须随着失业，如何得了！这是经济问题，我却无法代为解决了。

　　她说她近来对于自己的事情，愈想愈烦闷，因为她屡次被公司派到国外去推广货品，她的未婚夫很不高兴，疑心她有别的男朋友在外国，常常和她吵嘴，最近她在荷兰写了几张风景明信片寄给他，一个复信都没有。我说这是你在职务上不得不做的事情，尽可解释给他听。她说因为他疑心重，无论如何解释，他都不能释然。我说幸福的婚姻的最重要的条件是男女两方均彼此真能爱，真觉得彼此可爱，你对他的爱怎样？她说他爱她比她爱他多得多，时常怕她解约；他曾对她说，如果她要解约，他要用手枪打她；而且她的父母也不赞成她解约，如她解约，他们便要和她断绝关系，我听了她这些话，知道她对于自己的婚事是很勉强的；她虽然在经济上已全能自立，但仍受着社会环境的束缚，时时在矛盾的心理中感到无法解脱的苦痛。还有一点也很可以注意的，希特勒的国社党的重要政策之一，是极力提倡人民多多结婚，多多生子，而在实际却是反而减少了结婚，也减少了孩子的生产。

后来我们谈到学习德文的事情，我说在欧洲旅行，只懂英语，随处碰壁，很不舒服，所以我颇想在德的时候，分一些工夫出来学习一些德语。她听了自告奋勇，说她在晚间可腾出工夫教我。我说你有了那样多疑的未婚夫，此事不很妥当罢。她说不要紧。我说倘你能实践两个条件，我可到你那里学些德语。她很焦急似地问什么，我说第一须征求 S 君同意，倘若他觉得有一些勉强，即作罢论；第二是每次教我的时候，最好须请她的未婚夫也来陪伴着。关于第二点，我说并不是我们自己不信任自己，实因为多疑的人往往无理可讲，我不愿增加他们的纠纷，所以要这样做。她都答应了。火车进柏林第一个车站时，她移过来和我并排坐，时时握着我的手，叮嘱我到柏林后一定要去找她。我说我要来探问你的未婚夫许不许你教我德文，一定来。在这样短的时间内，得到女性这样热烈殷厚的友谊，是我生平第一次的经验。我们两人在车里那样畅谈了大半天，别个车厢的外国客人偶尔走过我们车厢门口的时候，都很加以特别的注意，尤其是有两三个女旅客。E女士笑着对我说，他们以为我们是夫妇哩，所以那样注意。她说后颇有洋洋得意之色，我心里暗笑，这有什么得意！不过看她那样坦白豪爽，丝毫不避什么嫌疑的天真态度，却感到浓厚的兴趣。

车到了 Charlottenburg 一站，我先下车，她还要再卜一站才下车。她听说我有位朋友张博士（张述祖君）要来站上接我，她也要看看她所遇的第二个中国人！所以我下车后，匆忙间还把张博士介绍给立在火车窗口内的她。走后张君说这女子生得很美，可惜稍稍胖了一些。我笑着说，我得的印象和你的一样。

记述游德的印象，劈头就写了许多关于一个德女的事情，这不是记者特别重视这件小事，一则不过为记述顺序之便，二则因为从这小女子的口角里，无意中可看出德国民间一部分的实际情形。我到柏林的第三天，便去找她，相距很远，乘"环城电车"差不多乘完一个半圈儿（如把"环城电车"看作一个大圆圈），仅仅车上费了一小时。到后E女士就把S君介绍给我，他也懂些法语英语，但英语的程度很差。我知道他已允许E女士教我德文了。我和她讲好每星期一三五夜里来一次，每次从八点到十点。路上来往要费去两点钟，所以我每次下午七点钟以前就要动身，在最初两星期，往往在"环城电车"上换车时换错了车，大兜其冤枉的圈子，到得很迟，回到寓所时，常在夜里十二点钟以后了。

柏林的一般房屋和伦敦的不同，伦敦的住宅多是一家独住的比较小的房屋，柏林的住宅多是像大公寓的式子，在一大座洋房内，住许多人家，大门内傍着楼梯上去，各层的屋子都住有几个人家，各家都另有一个小门出入；在每一个这样的小门内，有一个甬道，甬道两旁有几个房间，有厨房，有浴室和厕所，甬道和房间里都铺有绒地毯，浴室里用的是白色的浴盆，厕所里用的是抽水马桶（浴室和厕所常在一间里）。厨房里用的是煤气灶，布置得都很整洁。E女士的父母在汉堡，她在柏林就业，已自己撑了一个独立的门户，租赁了这样一个公寓里四层楼上的一个独立的屋子，里面有一间卧室，一间客堂兼膳室，一个厨房，一个浴室兼厕所，里面的布置也和其他一般人家的一样的讲究，在我看去可算是很舒服的了。这屋子是她一个人独立开销的，S君算是揩她的油，他们虽没有明对我说他们已同居，但我每次深晚离开时，S君还在那里；遇星期日他们约我往吃午饭，在上午十点多钟时，还看见S君在浴室里穿着衬衫向着镜子大刮其胡子，所以我断定他们是已同居的了。

这和已结婚似乎没有什么两样，但是他们俩都不满意，都很着急似的。男的因为要急于结婚，而结婚的先决条件是要先得到职业，于是像热锅上的蚂蚁似的，无孔不入的寻找职业，我每次去，差不多都看见他在那里翻着报纸找公司名称，写自荐信，因为在资本主义已发达的社会里，像在封建势力还有残余的社会里，找事要靠亲戚朋友或裙带关系的，已不同了。但我在那里一个多月，只看见他忙于写自荐信，却没有看见或听见他曾有一次把自己荐了出去！我最初几次还问问他成功了没有，听说还没有效果，还安慰他几句，后来看见他尽是老写着自荐信，我不好意思再问他，也找不出什么话再来安慰他了，只得假痴假呆地装作不知道。E 女士每谈起 S 君寻业的事，总不免长吁短叹，蛾眉双锁。德国人失业的尴尬和紧张的情形，看看这一对男女天天好像负着重担似的，可见一斑了。

我每星期有三夜在 E 女士家里读德文时，S 君也常在客室里写自荐信，有时练习书法，这原是我所要求的第二条件，在上面已说过，他在实际上既是和 E 女士同居了，此事却也很便当地办到，在我也很欣幸地减少了不少的责任。但是说来可笑，这个多疑的未婚夫仍然不放心。在两星期以后，有一夜他出去十分钟去买香烟，E 女士偷告诉我，说 S 君在厨房和客室相隔的那个墙上——很讲究的花纸糊得很好的墙上——偷挖了一个小洞；在我们上课的时候，他屡次托词到厨房里从这小洞里偷看，看我们有什么……最近她才发觉的。我听了笑不可仰，我说还好我们都是正正经经的，倘若接了吻，那真要闹得天翻地覆了，她听了只有憨笑。又过了几天，她又偷告诉我，说 S 君最近已暗中把那个小洞塞住了。我心里暗想，大概他已经可以相信我实在是无意于掠夺他的未婚妻了。

上面所说的柏林的公寓式的住宅，每晚到八点钟以后，就由房东或看门的把总门锁起来，各家出入都须自带钥匙，我每次在夜里去，如八点钟尚未赶到，总是由 S 君在门口等候着迎进去；出来时，也是由他从四层楼上跑下了不少的楼梯，把我送到大门口，因为出时要他用钥匙开门，走后还要由他锁门。最后一星期，有一夜他不知因日里做了什么吃力的事，已疲顿得不堪，我走时他觉得已没有气力跑那四层的长梯，便叫 E 女士送我下来。她自动地挽着我的臂，送我到大门口时，笑着不肯就进去，对我望着，把她那樱唇渐渐地接近我的唇边，我看她那样渴望着的殷切情绪，并知道在欧洲各国和要好的女友接吻不算一回事，便顺从了她的渴求，给了她一吻。她笑眯眯地谢了我，回转身好像凯旋似地向楼上如飞地跑去了。我一路失笑着回来，笑自己无意中演了电影中的一幕；同时并哀怜S君，因为她的心是否在我——我始终无意对她"转念头"，所以绝对不希望——虽未能断言，但她的心不在S君，却是无可讳的事实了。我觉得单恋而要勉强维持，在单恋者方面实在是一件极不值得而且极无聊的事情！

　　S君虽是个多疑的人，但待我却很好，每在我来读德文的夜里，他在忙着写自荐信之余，还忙着泡茶，拿糖饼，殷勤招待我；每在星期日他和E女士同样地十分的殷勤约我同游，到了不少他们的亲戚和朋友的家里吃茶点聚谈，使我看到听到不少关于他们各家的情形。使我最觉诧异的是有一次在E女士的一个女友家里吃茶点闲谈，E女士和她的女友都说她们深以我不像吃鸦片者的样子为可异！我问何以就觉得我必须吃鸦片？她们说，据她们所听说，中国人都是吃鸦片的！经我驳说解释之后，她们才恍然平日传闻的错误。这在我们听了当然不胜诧异，尤其是像这两个女子都至少是高中毕业生，何以一无常识至此！但是想到欧美各国关于糟蹋中国人的种种宣传，一般人安得不把中国人"另眼看待"！记者追记这篇文字的时候，这几天经过伦敦大学政治经济学院附近的王路（Kingsway），便看见有一个教堂前挂着一个很大的广告，是素在口上主持"正义"的国联协会（League of Nations Union，这是英人赞成国联的一种组织）替国联做的宣传，这广告上面用图画表示国联的种种事业，别的好事都轮着碧眼儿，唯有禁止毒物鸦片的一项，图里的那个烟鬼却是个中国人的象征！中国人抽大烟的大名，可谓已名震寰宇了！

　　我将离开柏林的前一夜，还到 E 女士和 S 君处辞行，E 女士很大胆地当着 S 君的面前不自禁地哭了许久，我倒着了慌，不知如何是好，我说你们两个都是我的好朋友，这样反而使我不好过，她才勉强收泪。那夜承他们两位直送我到"环城电车"的站上（约有二十分钟的步行），殷勤握手道别。我因怕此事往后也许要引起意外的纠纷，这决不是我所愿有的，所以临走时声明我在欧洲是在各国跑的，行踪无定，而且太忙，恐无暇通信，请他们原谅。

一九三四，六，一，伦敦。

　　原载 1934 年 9 月 1 日《新生》周刊第 1 卷第 30 期，署名韬奋。

船上的一群孩子们

　　船要离岸了，在岸上有若干送客的亲友，微笑着等船开；在船上有许多男女老幼凭靠着船旁话别。船正在渐渐地离开了岸，忽然在这凭靠着船旁的搭客里面，有五六十个男女青年围着聚拢起来，齐声大唱其"国际歌"，同时岸上也有若干送别的青年用足劲儿高声唱和着。西洋的男女青年对于歌唱，多少都有着相当的素养；这班男女青年聚拢来引吭高歌的时候，男的刚强悲壮的宏声，女的柔和婉转的音调，抑扬相和，激昂慷慨。他们唱的是国际歌，这是后来问过他们才知道的；说来惭愧，我一向虽在国内报上偶尔看到有"国际歌"的字样，其内容究竟怎样，一点不知道，只知道在有些人看来是"大逆不道"的东西，在此时倾耳静听其中的词句（他们唱的是英文），才知道其要旨原来不过是勉励世界上的被蹂躏被摧残的人们共同起来努力奋斗，解除束缚，积极自救。

　　岸线越离越远了，渐渐地只若隐若现地在远处的渺茫中了，但在甲板上还有三五成群的男女青年们缓步闲谈着，我因觉得这班男女青年和寻常的搭客似乎不同，不知他们到底是干什么的，原存有一探真相的好奇心，便夹在他们一群里，利用机会和他们谈话，才知道他们都是从美国来的，有五十人左右是美国全国学生同盟（National Students' League）的会员，这次赴苏联，是由该会发起，随着该会会员同来的近百人，其中有教授，有律师，有医生，有新闻记者，有中小学教员等等，女的约占三分之二。他们先由纽约到伦敦游览一星期，然后同乘这个船赴苏联。这个全国学生同盟是美国各处大学生所组织，是不属于任何党的超然的组织，美国各大学里多有他们的支部，其目的在辅助学生解决种种困难问题，并辅助工人运动，例如工人为力争改善待遇而罢工等事，该会协助的力量不少。他们说，他们的办法是对于当前的实际问题，尤其是他们所特别注意的学生界和劳动界的实际问题，作种种抗争和奋斗，以唤起学生和工人对于现制度的认识，使他们由困难中深刻地认识现制度的缺憾。

这一班男女青年，有的是刚从大学里毕业，有的是毕业了一两年，都是找不到职业，列身失业队里的人物；有的是还在大学里肄业，见到已毕业的无路可走，对自己的前途也在彷徨中的。他们虽幸而做了"金圆帝国"的国民，而且都有机会受到所谓"高等教育"，也感觉到"出路"的困难，所以对于苏联的研究兴趣，异常浓厚。他们此行的计划，是先到莫斯科入暑期大学（Anglo-American Institute 由莫斯科大学附设，都用英语教授）听讲四星期，然后往其他各处旅行两星期。

我们这一群都是三等搭客，这一大堆男女青年一上了船，不但大唱特唱其国际歌，而且彼此大叫其"同志"，当天下午五点钟吃茶，我一踏进餐室，已和我谈过话的几位便叫我做"中国的同志"，拉我坐在一起。下午茶点，有茶，面包，牛油，饼干。夜里八点到十点晚餐，一汤，一菜，一水果，茶或咖啡听便。因人数多，分两班吃。寻常在船上和同船的搭客们共餐，本来没有什么特别情形，但此次在西比尔船上所遇的这班孩子们，却有些不同。美国人的性情本来比别国人来得活泼愉快，而这班孩子们的年龄大抵都不过在二十岁左右（同舱中也有年龄较大的，但居极少数），所以在吃饭的时候，满餐室里面都充满着活泼愉快的空气：不是谈论这个，便是争辩那个，而在谈论和争辩里面大抵都出以隽永有趣的口吻，往往几句笑话，弄得你笑不可抑，全室哄然，谈话声和笑声总是继续不断地发挥着它们的力量；他们又善于唱歌，只要有一两个人在嘴上哼出几句，便像一块石头掷在湖面，波纹由近而远，彼此唱和起来，倏然间餐室一变而为合唱大会了。餐室里有许多人，而捧盘送茶的只一男两女，有一个女侍者名叫娜扎，年轻貌美，笑容可掬，而做事尤聪明伶俐，大家都喜欢叫娜扎，尤其是有时她捧出的是什么好菜——例如鸡——一列一列的桌上轮流欢呼"娜扎"三次，继以大笑，娜扎也笑眯眯地来去照料，因客多而侍者少，我们这班孩子们看见他们忙，便有好几个出来帮忙，夹入凑热闹，而全体也极力设法节省种种手续，例如每样菜不必侍者将每盘分别递给各人，只须站在桌的一头，由各人换着次序把菜递下去。吃完收盘的时候，也是这样，各人把空盘依次递下去，堆在桌的一头，再由侍者一齐拿去。这样琐屑的小事，我所以还追想得津津有味，事的本身不足道，我所注意的，是这班搭客和船上执事者之间，似有一种不易形容的友谊和同情。他们帮助搭客，搭客帮助他们，都是出于欣欣然满腔热诚的态度。

到夜里知道我同房间的旅伴有一个是美国人，当过律师多年的；一个是英国人，向在法国一个天文台里任事；还有一个是美国失业队里的化学工程师。这个失业的化学工程师年龄在三十左右，我和他还谈得来，前两位便都是五十岁以上的人物了，我和他们略为交谈后，觉得在思想上格格不相入，使我感觉到年龄相差太远，思想上也往往彼此隔阂，所以一时代是一时代的人物，很难勉强凑合，虽则也有老前辈思想并不落伍的，那是极少数例外。我们所要自勉的是要使思想随着时代的进步而一同进步，不要听任思想随着年龄的老大而也老朽起来。

廿三，十一，六，晚。伦敦。

初登西比尔

　　记者去年（一九三三年）七月十四日由上海动身出国，说来凑巧，恰在今年七月十四日又由伦敦动身赴俄。由上海赴欧，比较地是个长期旅行，乘意轮算是最快的了，也要二十三天；在欧洲由这国到那国，只须几小时的火车路程，原很简便，但由伦敦乘俄轮渡北海而到列宁格拉，却须整整五天的海程，所以在欧洲看来，也可算是较长的旅行了。而我在这两次的动身日期，无意中都恰在"七月十四日"。

　　往欧洲其他各国旅行，在准备行装方面，心理上大概都没有什么特别的反应，因为在这些地方的旅客生活总是大同小异的；但是打算到俄国去，便多少不免引起新奇的心理，所以在动身以前，遇着曾经去过俄国的朋友，总喜欢探问准备行装方面有什么特须注意的事情。当时有一位中国朋友刚在几个月前由俄国回到伦敦，据说在俄国对于穿衣服是很不讲究的，穿好的反而被人看作布尔乔亚，反而被人看不起；我听后便只带了几套西装里面最"蹩脚"的两套。还有一位英国朋友是在大学里当讲师的，两年前也到过俄国旅行，听说我将往俄国去，很仔细地开了一张单子给我，列举着许多要提防的事项，例如开了好几样药品，有的是治疟疾的，有的是治虎列拉的，有的是治胃病的等等，并叮嘱在动身前须打好防疫针，尤其是防虎列拉的针，据说俄国水多不清洁，非开水不可喝，"沙拉得"（Salad 即西菜中常有的生的青菜）以少吃为妙，此外要带的是草纸（即上厕所用的）和"却可立"糖，据说这两样东西在俄国都是不易得到的，还有是胰皂，也很重要，不可带。这位朋友是很诚意地这样地下警告，我却觉得这样简直好像准备到南菲洲去旅行似的！我因为行期已迫，来不及打什么防疫针，只带了一两样药品，两小捆草纸（外国草纸是雪白洁净的）；我自己虽不是像西洋人——尤其是妇女们——那样喜欢却可立糖，但是听说在俄国这东西看得很重，也带了三盒，准备送给俄国朋友。可是依后来的实际经验，除所带的却可立糖确为俄国朋友所啧啧称羡外（其实俄国也已有，不过还不及西欧的好吃），其余都是出于过虑的；但这却不是朋友们撒谎，只足以表见苏联的情形是日新月异，时时在进步的路上向前奔跑着。关于这一点，以后还有机会谈到。

且说在今年七月十四日那天的下午一点钟，友人孟云峤君陪我上船，船名西比尔（Sibir）。我们上船的时候，已看见三五成群的男女搭客在船上闲谈着（搭客中的中国人就只记者一个），孟君笑着说："这些都是'Comrade'（同志）啊！"（其实后来知道这些旅客里面很少是党员，而且有几个还是十足道地的反动分子，虽则大多数是同情者，详情见后。）我看见这次旅客里面有许多男女青年——活泼愉快的男女青年——我们虽还不相识，但彼此相遇，多微笑点头，他们或她们的和蔼亲热的态度似乎常溢于眉宇间。我想这无他故，我们同道去的目的地是正在积极进行社会主义建设的新国家，这班男女青年跑到那里去，至少都具有观察研究的好奇心理，就这一点说，同情心当然要比较地丰富了。依我看去，不但在这些旅客间有这样的"空气"，就是船上那些穿着蓝布制服的水手和穿着黑丝罩衫的女侍者们，帮我们拿衣箱的拿衣箱（水手），引导我们看舱位的引导者（女侍者），都欣欣然满面笑容，好像有了什么喜事似的。

我们大多数坐的是三等舱，在船身前半的下一层，当中是餐室，餐室的周围都是房间，房间里大多数有四个铺位，少数有六个或八个铺位（房间较大），还有更少的房间只有两个铺位，专备搭客用的。各床铺上有软垫，有白色被单及绒毯，餐室内有白色桌布，有鲜花，收拾得很清洁，但是因为在下一层，空气究竟差些，尤其是在卧室里面，因为只有船旁的一个圆窗洞。可是有一个特点，是我们在别国的轮船上所未见的，那便是三等舱的搭客都可用船上的任何层的甲板，都可在头二等舱的音乐室，吸烟室等处看书，谈话，舒散。换句话说，这几个好地方虽靠近头二等舱，却是各等搭客所共用的；坐三等舱的搭客在船上一样地通行无阻，不像在别国的轮船上，三等搭客不许到头二等舱里去。

也许还未能做到真正理想的平等吧，这里究竟还分成什么头等二等三等，虽然他们在名义上把二等称为"旅客舱"（Tourist Class），把三等称为"特别舱"（Special Class），所以我将箱子放在自己卧室里之后，和孟君一同回到甲板上，不谋而合地同声脱口而出地说道："我们去看看布尔乔亚的舱位怎样！"不但我们俩，随着我们同走，嘴上也在那里说要看看布尔乔亚舱位的，还有两三个女青年搭客。我们相视而笑，一同登上楼梯，踏上更高一层的甲板，向"布尔乔亚"的舱里跑。

所谓"布尔乔亚"的舱位，指的当然是头二等。它们都在船身的中部。头等在这中部的两旁，每房里有两个铺位（不是像三等那样叠起来的），二等在这两排的中间，和两旁头等舱隔开的是两个甬道，二等每房虽也是两个叠起的四个铺位，设备却比三等舱来得讲究些。头等最大的优点是有靠近船旁的长方形的玻璃窗，窗外便是船旁像行人道的甲板，这在空气方面当然是舒畅得多了。较近船头而接连这头二等舱的一方，便是一个大餐室，设备也比三等餐室讲究些，例如有地毯，地位没有三等的那样挤，桌子是分开排的长方小桌，不像三等的是用开会式的长桌子。在这头二等舱的另一头，便是一个很讲究的音乐室，里面铺着讲究的地毯，有钢琴，有留声机，有舒服的沙发，有写字台等等。吸烟室则在更上一层的甲板，在音乐室前有楼梯直达，里面有很舒适的厚而且大的沙发，围着丝呢面的桌子。和这个吸烟室在同层甲板上的后面房间，便是船长室。吸烟室和船长室都靠近船旁，两旁都有像行人道的甲板，这层上的吸烟室，两旁行人道的甲板，以及下一层的头二等舱两旁人行道甲板，音乐室：这些都是在这船上比较最好的地方，也就是全体搭客——不论何等——都可通行无阻，随意走动坐息的处所。

这船本说下午两点半开，直等到四点一刻才开。在苏联有个由革命以前遗留下来而尚未除尽的缺点，那便是有些地方要你忍耐着等，等，等！这种"慢吞吞"的习惯，据说在革命后已积极改善，但在苏联做旅客的人，仍感觉到这个缺点仍有不少的遗迹存留着。在这里算是我此行第一次尝着"等"的味道。孟君因四点钟还有他约，不能多"等"，便先和我握别。

在和我们一同参观"布尔乔亚舱"的几个女青年里面，有个俄女才十六七岁，一对碧眼，两颗笑涡，活泼轻盈，那种天真快乐的性格和态度，好像根本就不知道天地间有什么可以忧愁的事情；但是我无意中和她谈谈，才知道她原是孑然一身，父母都早已去世了，只有一个姑母在加拿大，从小跟着姑母，后来在加拿大一个衣庄里做工自给，苦过日子，现在知道苏联是劳动者的世界，便独自一人由加拿大经英国而回到苏联去寻工作做。她的身世，如用中国的形容词来说，也可说是"零仃孤苦"，但是她虽没有了家属的凭藉，却有个充满着希望和热情的新社会等候着她回去参加努力，这在她却也很有"快乐"的理由。

廿三，十一，十四，晚。伦敦。

原载 1935 年 1 月 26 日《新生》周刊第 2 卷第 1 期，署名韬奋。

南　游

　　我于去年六月间从纽约向美国南部旅行，目的在视察美国南部的农产区域和黑农被压迫的实际状况。我顺路先到美京华盛顿去看看。

　　华盛顿是一个建筑美丽的城市，这是诸君在世界名胜的照片里所习见的。但是在任何世界的名都，除了一个正在努力建筑共劳共享的新社会的国家外，都是所谓"两个世界的城市"（"two-world city"），一方面有着奢侈豪华的世界，一方面有着穷苦愁惨的世界，华盛顿当然也不能例外。我到华盛顿，离了火车，先踏上的是前一个世界，仰头望见的便是费了一千八百万金圆，全部用花岗石建造的那样宏丽的火车站。接着叫了一辆街车，驶进了好像公园似的境域，树荫夹道，清风徐来，触目所见，都是美丽的建筑点缀在绿草如茵的环境中，车子在坦平广阔的柏油马路上竟无声响地溜滑过去。在美国旅行，为经济起见，在好多地方不必住旅馆，有许多人家遇有空房省下来，便在门窗的玻璃上贴有"旅客"（"Tourist"）的纸条，这意思就是过路的旅客可以在那里歇夜，开销比旅馆省得多。我到华盛顿的那个夜里，就找了一家住下。第二天便开始游览。

　　华盛顿的面积并不大，仅有六十二方英里，人口约五十万人，在这里面黑人占了四分之一。全城分为四区：即东北，西

北，东南和西南。这城市是由东南向着西北发展，东南和西南是
倒霉的区域，东北和西北是豪华的区域，尤其是西北。倒霉的区
域当然是贫民窟所在，尤其是黑人的贫民窟。有一件有趣的事
情，是黑人的区域发展到最近的一条街的时候，那条街上的白人
住宅以及他国的外交官署都向西北迁移，中国的公使馆因经济关
系，"安土重迁"，别人迁了，我们的公使馆却始终仍在原处，前
门的那条街上已成"黑化"的街道（即黑人多的街道），遇有别
国的外交官来访问，或请别国外交官来宴会等等的时候，说起这
地址，——"黑化"街的名字——不免觉得怪难为情，于是想
出一个很"妙"的解决办法，索性把前门关起来，用后门出入！
（因为后门的那条街恰在黑化街的贴边，而还未被黑化。）我到
后就去瞻仰瞻仰本国的公使馆，初看到那样小的门和门前那样小
的草地，颇以那样的"寒酸相"为可异，后来才知道是因为执行
了永关前门仅开后门的策略！其实依民族平等的观念看去，大门
夹在黑化街里，也不真是什么丢脸的事情，现在反而觉得难堪
的，是要勉强挤在"优越民族"的尾巴后面，不得不尴尬地开着
后门！

华盛顿有几个伟大的建筑物，拥着巍峨圆顶的国会（他们
叫作 capitol），是在这里面占着很重要的一个位置。这个建筑的
全部面积占地达十五万三千余方尺之广，圆顶上自由神的铜像达
二百八十七尺五寸高，铜像的底基最广处达一百三十五尺五寸，
规模的宏大，可以想见。国会的东边有国会图书馆，藏书之富，
在西半球居第一，约有四百三十万册书籍，二百八十万件地图相
片雕刻等等。有东方部，专搜藏中国和日本的名著。其次看到美
国总统所住的白宫。该宫有一部分开放给民众看，有一部分不开

放，宫外的花园完全开放给民众，这是崇拜美国民主政治的人们所最称赞的一件事。这白宫的内部，可看的只是几个大客厅，一切布置和比较讲究的住宅没有什么两样，倘若不是因为是总统的住宅和办公处所引起的好奇心，简直没有什么看头。倒是华盛顿纪念塔还值得一看。塔基五十五方英尺，较低的围墙有十五尺厚，顶用大理石建造，其他各部用花岗石建造，内部有九百个石阶直达顶上，有电梯，只须一分十秒钟即可达到五百零十七尺高的顶上。在这顶上瞭望是一件很有趣的事情，可看到十五英里到二十英里之远，全城市展布在你的眼前，好像一幅天然的地图。林肯纪念堂（Lincoln Memorial）亦是华盛顿宏伟建筑物之一，有三十六根大石柱，每柱直径七尺四寸，高四十四尺，象征林肯在时的三十六邦，里间的纪念堂上有着奇大无比的林肯石像，他的眼睛从许多石柱的中间空隙直望着华盛顿纪念塔和国会。离林肯纪念堂一英里余，有亚林吞国墓（Arlington National Cemetery），是美国最宏伟的一个新建筑，中有两千余人的无名英雄墓。仅仅由林肯纪念堂到亚林吞国墓那条亚林吞纪念桥（完成于一九三二年），建筑费就达二千五百万金圆，这不可不说是金圆王国的魄力！我这次在华盛顿很幸运地得到一个有自备汽车的朋友招呼，不但看了一英里外的亚林吞纪念桥和亚林吞国墓的宏伟新建筑，并且看了离华盛顿十六英里远的普陀麦克河（Potomac）东岸的佛农山（Mount Vernon）——华盛顿的故居和终老的地方。这里有华盛顿的住宅，他生前的一切用具都保全着，给人参观。他那简单的坟墓和临终时躺的床榻，尤其引起许多游客的注意。

　　我很简单地略谈了在华盛顿所看到的几处著名的建筑物，但对每一处如作较详记述的文字，尽可各成一长篇，我的意思不在描写名胜，所以不想这样做。我只是要略为谈到这些在表面上看去很宏丽堂皇的名城的一角外，再略谈这名城里面向为一般旅客所忽略的另一角。

这另一角是我费了两整天工夫亲往华盛顿的"另一世界"的贫民窟里视察调查得到的。他们住的是整批的狭隘肮脏的"板屋"，（他们叫作"Shack"，也就仿佛我国的贫民窟的茅屋，不过用的是薄板而已。）穿的是捉襟见肘的破衣，那原是贫民窟的本色；不过尤其可算是特色的便是这贫民窟的"中坚"——占全人口四分之一的黑人——所受到的种种的"异遇"！（这是我特造的一个名词，受暗示于最近常常看到的"异动"这个名词。）在这十几万的黑人里面，每十个人中间就有四个人是失业的，其余有业的，无论所受教育程度怎样，都只有最低微的工资可赚。他们无论做什么，除在黑区外，任何公共的地方，各旅馆菜馆戏院等等，都不许进去。白种人做汽车夫的街车，也不肯载黑客。白人开的旅馆不但不许黑人进去住，连黑人偶来访友，也不许乘电梯。（美国多高楼，不许乘电梯是一件很困难的事情。）有一次美国社会学协会（American Sociological Association）在华盛顿一个旅馆里开年会，在到会的各代表里面，有一位黑色学者佛雷西博士（Dr. E. Franklin Frazier），因该旅馆不许他乘电梯，而会场却在十层楼上，提出抗议，该会主持人虽和该旅馆办交涉终于无效，不得不把会场移到二层楼，以便让黑色学者们可以步行上来。事后佛雷西博士探查黑色学者何以肯缄默无言，才知道该会事先已和该旅馆当局说好，凡是黑色学者来赴会，就由货车电梯上下。（freight elevator，专备运货和仆役人等用的。）否则必须有白色朋友陪伴着，才可以乘旅客电梯。许多赴会的"高等黑人"居然处之泰然。像佛雷西博士，在他们看来，一定要认为是"不识时务"的蠢物吧！

可是谈到这里，我们却也无暇为黑人哀！"狗和华人不许入内"的牌子挂过了多少时候，中国人还不是一样地糊里糊涂地活着！在上海，中国人不许和碧眼儿在同一电梯上下的地方还少着吗？不许中国人参加的地方没有吗？

华盛顿，在一般黑人看来，还认为是"天堂"，因为再向南还有着更惨苦的"异遇"，华盛顿不过是这个地狱的大门罢了。我在华盛顿只勾留了一星期，便乘火车向南，往原定的目的地柏明汉（Birmingham）奔驰。柏明汉是美国最南的一邦叫作爱尔巴马（Albama）的一个名城，也是美国南部"黑带"中的一个重要地点。我未达到柏明汉以前，在中途换了几次车，就看见在火车上黑人是不许和白人坐在一节车里的，火车站上也分为两路出入，一边悬有横牌大书"白"（"White"）字，一边悬有另一横牌大书"色"（"Colour"）字，黑白的乘客各走各的路，分得清清楚楚。我在纽约时就有美国的朋友对我说过，叫我在南方旅行，遇到这种情形时，可在"白"的方面，我也就照办。将到柏明汉的时候，我所坐的全节车里只有两个美国人，和他们接谈之后，才知道他们都是工人，虽则是在认识上很落伍的工人。这种工人是我在纽约所从来未曾遇到的。我心里想南方究竟是有些不同了。他们一致地警告我，说千万不要混入"色"的方面去，那是太倒霉的事情。他们很自然而肯定地说，黑人那里算得是人，随便把他弄死，都可以不受法律上的制裁的。他们并对我说，到南方旅行坐长途汽车的时候，要特别留神坐在前面一些，因为黑人坐在后面几排的座位上，白人少而黑人多的时候，黑人往前推进，你如果坐得后一些，往往要混在黑人里面，那又不免倒霉了！我问他们为什么这样就会倒霉呢？他们的回答是要被人看不起。这使我感觉到美国南方统治阶级麻醉作用的厉害。但是我只和他们瞎敷衍，未曾认真地对他们提出什么讨论的问题，因为我在纽约将动身南下的时候，就有几位前进的美国朋友很诚恳地再三叮嘱我，叫我在南方旅行的时候要特别谨慎，非认为信得过的朋友，千万不要表示什么态度，尤其是表示同情于美国革新运动的态度。他们并教我不少掩护的法子，例如千万不可说是从纽约来的，最好说自己是个忠实的基督徒，住的地方最好是青年会的住宿舍。后来我到南方所看到的情形，才更领略到这些好友的忠告是具有充分理由的。我要老实地承认，我在南方所遇到的一般美国人，对我的态度都很和善诚恳，给我的印象很好；不过我同时知道南方的资产阶级对于革新运动的畏惧是到了极点，如果知道任何人同情于美国的这个运动，那又是另一回事了。

到这样一个多所顾忌的生疏的地方，要想得些正确的材料，非有极可靠的朋友在当地指导不可，所以我在纽约就承一位在莫斯科暑期学校认识的美国好友给我一封很得力的介绍信，介绍我给柏明汉的一位C女士。这位C女士是在一个会计师事务所里做事，而同时是极热心于劳工运动的人。我一下了火车，直往青年会寄宿舍奔去。但是不幸得很，那里的青年会寄宿舍只容纳长期的会员，不收临时的旅客，虽经我声明我是很忠实的基督徒还是无用！天已在黑暗起来，我只得瞎窜到一个小旅馆里去安顿下来，立刻打电话去找C女士。可是"祸不单行"，对方的回话虽是一个女子的很温柔和爱的声音，却不是C女士，据她说C女士病了好几天不到办公处了。我真着急，恳请她把C女士的地址告诉我，她说 C 女士的地址她不大清楚，可以替我打探，同时说如果有什么事可以帮忙，她也很愿意。我听到了最后一句话，才好像死里回生，约好第二天一早去看她，承她答应了。我事前本知道那位会计师也是同情于美国革新运动的，在她的事务所里有几位男女青年是藉着她的掩护，于工余参加劳工运动的，所以交臂失了 C 女士，很想再找一个援手。我很愉快地回忆，第二天早晨的谈话结果非常圆满，不但得着在电话里无意得到的这位 M 女士的热心赞助，并承她介绍给一位在该地主持劳工运动负着更重要责任的 R 君，和他的"同志妻" D 女士。他们都是精神焕发，热烈诚恳，对社会工作具有极浓兴趣的可爱的青年。我把纽约那位朋友的介绍信给 R 看，他看后就含笑着轻轻地撕得粉碎，对我说这种信放在身边很危险，被侦探搜到了不得了。莫理莫觉的我，听到了他这样温婉而直截的话语，才感觉所处环境的严重。几次痛谈之后，他们把我当作自己人看待，无话不说，才知道 R 君和 D 女士都才出狱几天，原来他们俩为着帮助被压迫的黑工组织起来，被大老板所雇用的暗探抓去，像绑票似地塞入汽车，风驰电掣地弄到郊外偏僻之处，毒打一顿，再交付警察所关一个月。R 君的身体非常健康，谈时他还兴会淋漓地笑着，说他不怕打，工作还是要干；同时 D 女士伸出她的臂膊来，欣然把那个一大块打伤的疤痕给我看。在号称法治国的国家，竟有这样的事情，真是出我意料之外。听说在那里的大老板们，无论是大地主，或是大亨，都可公然自用侦探，任意在马路上抓人，警察不但不敢干涉，而且还要合作！你要控诉吗？法官也是他们的爪牙，可以说你是自己打伤了来诬陷的！

　　我对这几位美国青年朋友所最敬佩的，是他们吃了许多苦头，对于工作却丝毫不放松，丝毫没有消极的意思，仍是那样兴会淋漓，乐此不疲地向前干着。我永远不能忘却他们的这样的精神，我真愿意做他们里面的一员！他们自己不怕危险，但是对于我却爱护得十分周到。有一次他们和几个黑工同志开会，我也被邀请旁听，我坐的位置近窗口（楼上的窗口），R君忽想到我的座位不妥，即叫我另坐一处，说也许外面有暗探注意到我，致我受到牵累。由他们替我规划，我又由柏明汉再南行到一个五万五千人的小镇塞而马（Selma）去看黑农所受的惨遇，相距原有四小时的长途汽车行程，他们以为只要三小时，约定回来那一天，他们因为我未照他们所预期的时间到，立刻开会打算营救，疑我被地主抓去！我回时见到他们，正是他们恐慌着开会商量营救的时候，那种见面欢跃的神情，使我觉得那深厚的友爱，好象是自己所亲爱的兄弟姊妹似的。

在柏明汉所见的黑人的"异遇"，限于篇幅，未能详述，简单地说，黑人只能住在他们的贫民窟区域，那是不消说的。即在电车上，黑人也另有一小节座位分开，有牌子写明"色"字，另一大节的座位便有牌子写明"白"字。我亲眼看见有个黑女到一个咖啡店去买了一杯咖啡，不得在店内喝，要拿到人行道上喝完之后，再把杯子归还。我由柏明汉往塞尔马的长途汽车里，看到沿途有黑女上来，虽同样地付车资，因为后几排已坐满了黑人，前几排中虽有空位，因有白人在座，这黑女只许立着，使人看了真觉难过。到塞尔马看到变相的黑奴，情形很惨，当另作一文谈谈。

原载 1936 年 8 月 16 日《世界知识》第 4 卷第 11 号，署名韬奋。

由柏明汉到塞尔马

我因为要看看美国南方的黑农被压迫的实际状况，所以特由纽约经华盛顿而到了南方"黑带"的一个重要地点柏明汉，这在上次一文里已略为提到了。我到后住在一个小旅馆里，茶房是个黑青年，对我招待得特别殷勤，再三偷偷摸摸地问我是不是要旅行到纽约去，我含糊答应他，说也许要去的，但心里总是莫名其妙，尤其是看到他那样鬼头鬼脑的样子。后来他到我的房里来收拾打扫，左右张望了一下，才直着眼睛对我轻声诉苦，说在那里日夜工作得很苦，衣食都无法顾全，极想到美国北方去谋生，再三托我到纽约时替他荐一个位置，什么他都愿干，工资多少都不在乎，唯一的目的是要离开这地狱似的南方。他那样一副偷偷摸摸吞吞吐吐的神气，使我发生很大的感触，因为谋个职业或掉换一个职业这原是每个人应有的自由权利，但在他却似乎觉得是一件不应该的犯法的事情，一定要东张西望，看见没有旁人的时候，才敢对我低声恳求，这不是很可怜悯的情形吗？这个黑茶房又在我面前称羡中国人，说在该城的中国人都是很阔的，尤其是有个中国菜馆叫做 Joy Young，这里面的老板姓周，置有两部汽车，使他津津乐道，再三赞叹。我依着他所说的地方，去找那家中国菜馆，居然被我找到了，布置得的确讲究阔绰。有两位经理，一个姓卢，一个姓周，他们虽然都是广东人，我们幸而还能用英语谈话，承他们客气，对于我吃的那客晚饭，一定不要我付钱。据说该城只有中国人四十五人，都有可靠而发达的职业，有大规模的中国菜馆两家，小规模的中国菜馆一家；因为那里的中国人在生计上都很过得去，衣冠整洁，信用良好，所以该城一般人对于中国人的印象很好。后来我见到 R 君（即热心照呼我的一位美国好友，详上次一文），问起这件事，他也承认在该城的中国人比较地处境宽裕，但是因为这样，他们自居于美国资产阶级之列，对于劳工运动很漠视，赞助更不消说。他的这几句话，我觉得不是没有根据的，因为我曾和上面所说的那个中国菜馆的经理周君谈起当地人民的生计状况，他认为当地的人民里面没有穷苦的，而在事实上我所目睹的贫民窟就不少！——虽则最大多数是属于黑人的。但在我听到中国人在该城还过得去，这当然是一件可慰的事情，至于他们因生活的关系，有着他们的特殊的意识形态，那又是另一件事了。

R 君告诉我，说一般人都很势利，所以叫我在街上走的时候，要挺胸大踏步走，对任何人不必过分客气，如有问路的必要时，可先问怎样走回塔特乌益勒旅馆（Tutwiler Hotel），因为这是柏明汉最大最讲究的一个旅馆，有人听见你住的是这个旅馆，一定要肃然起敬，认你是个阔客！这样一来，他便要特别殷勤，你问什么他就尽力回答你什么。可是我从来没有装过阔，这在我倒是一件难事，幸而柏明汉城并不大，街道整齐，还易于辨别，所以也无须装腔作势来问路。

诚然，如果你不到许多贫民窟去看看，只看看柏明汉的热闹区域和讲究的住宅区，你一定要把它描写成很美的一个城市。它的市政工程办得很好，因为街道都是根据着计划建成的，所以都是很直很宽的，转角的地方都是直角，方向都是正朝着东西南北的。你在这样市政修明的街道上，可以看见熙来攘往的男男女女——指的当然是白种人——都穿着得很整洁美丽，就是妇女也都长得很漂亮，白嫩妩媚得可爱，不是你在纽约所能多遇着的。

我有一天特为到一个很讲究的理发店里去剪发，那个剪发伙计的衣服整洁，比我还好得多，我有意逗他谈谈，才知道他对于中国人很欢迎，说中国人和美国人是一样的高尚，他同样地愿为中国人服务。但是我一和他提起黑人怎样，他的和颜悦色立刻变换为严肃的面孔，说他决不许"尼格"进来，"尼格"那配叫他剪发！我说"尼格"一样地出钱，为什么不可以？他说你有所不知，只要有一个"尼格"进来，以后便没有白种顾客再到这个店里来剪发了，所以他们为营业计，也绝对不许"尼格"进来的。

我曾亲到黑人的贫民窟里去跑了许多时候，他们住的当然都是单层的破烂的木板屋，栉比的连着。我曾跑到其中一家号称最好的"公寓"去视察一番，托词要租个房间。起初那个女房东很表示诧异，我说我是在附近做事的，要租个比较相近的安静而适宜的房间，她才领我进去看，把她认为最好的房间租给我。我一看了后，除破床跛椅而外，窗上只有窗框而没有窗，窗外就是街道。我说这样没有窗门的房间，东西可以随时不翼而飞，如何是好！她再三声明，只要我肯租，她可以日夜坐在窗口替我看守！我谢谢她，说我决定要时再来吧。

我在这许多龌龊破烂的贫民窟跑来跑去的时候，尤所感触的是这里那里常可看到几个建筑比较讲究的教堂，有时还看见有黑牧师在里面领导着黑信徒们做礼拜，拉长喉咙高唱圣诗。教堂也有黑白之分，专备白人用的教堂，黑人是不许进去的。这事的理由，不知道和上面那位剪发伙计所说的是不是一样！

美国南方的资产阶层把剥削黑人视作他们的"生命线"，谁敢出来帮助黑人鸣不平，或是设法辅助他们组织起来，来争取他们的自由权利，都要被认为大逆不道，有随时随地被拘捕入狱或遭私家所雇的侦探绑去毒打的机会。

柏明汉以铸钢著名，还是一个工业的城市，我听从 K 君的建议，更向南行，到塞尔马去看看变相的农奴。

塞尔马是在柏明汉南边的一个小镇，离柏明汉一百十二英里，是属于达腊郡（Dallas County）的一个小镇。人口仅有一万七千人，这里面白人占五千，服侍白人的仆役等占二千，变相的农奴却占了一万。以一万二千的黑人，供奉着那五千的白人！这是怎样的一个社会，可以想见的了。

由柏明汉往塞尔马，要坐四小时的公共汽车。那公共汽车比我们在上海所用的大些，设置也舒服些，有弹簧椅，两人一椅，分左右列，两椅的中间是走路的地方，这样两椅成一排，由前到后约有十几排。两旁的玻窗上面有装着矮的铜栏杆的架子，可以放置衣箱等物。开汽车的是白人，兼卖票，帮同客人搬放箱物。他头戴制帽，上身穿紧身的衬衫式的制服，脚上穿着黄皮的长统靴，整齐抖擞，看上去好象是个很有精神的军官。我上车的时候，第一排的两边座位已有了白种乘客坐了，我便坐在第二排的一个座位上。接着又有几个白种乘客上来，他们都尽前几排坐下。随后看见有几个黑种乘客上来，他们上座位时的注意点，和白种乘客恰恰相反：白种乘客上车后都尽量向前几排的座位坐下；黑种乘客上车后却争先恐后地尽量寻着最后一排的座位坐起。这种情形，在他们也许都已司空见惯，在我却用着十分注意和好奇的心情注视着。渐渐地白的由前几排坐起，向后推进，黑的由后几排坐起，向前推进。这样前的后的都向中间的一段推进，当然总要达到黑白交界的一排座位。那个黑白交界的座位虽没有规定在那一排，但是前几排坐满了白的，后几排坐满了黑的，最后留下空的一排，只须有一个白的坐上去，黑的就是没有座位，也不敢再凑上去；反过来，如只有一个黑的坐上去，白的也不愿凑上去。所以在交界的地方，总是黑白分得清清楚楚，一点不许混乱的。我这次由柏明汉乘到塞尔马的那辆公共汽车开到中途的时候，最后留下的空的那一排座位上坐上了一个黑种乘客，照地位说，那一排还有三个人可坐（两张椅，每张可坐两人，中间是走路的），但我看见有一个白种乘客上来，望望那一排座位，不进来坐，却由汽车夫在身旁展开一张原来折拢的帆布小椅，夹在第一排的两椅中间（即原来预备走路的地位）坐下。等一会儿，又有一个白种乘客上来，那汽车夫又忽而从近处展开一张同样的帆布小椅给他夹在第二排的两椅中间坐下。我记得当时第六排起就都是黑人，我不知道倘若继续上来的白种乘客即有帆布小椅可坐，挤满了第五排的中间以前，怎样办法。可是后来白种乘客并没有挤到这样，所以我也看不到这样的情形。这种帆布小椅小得很，只顶着皮鼓的中央，尤其是那位大块头的中年妇人，我知道她一定坐得很苦，但是她情愿那样，虽然有很舒服的沙发式的座位，因为在黑人一排而不肯坐。而且挤坐在两椅的中间，一路停站的时候，后面客人走出下车，她还要拖开自己的肥胖的躯体让别人挤过，怪麻烦的，可是她情愿这样。不但她情愿这样，那个汽车夫以及全车的客人，除我觉得诧异外，大家大概都认为是应该这样的。

那个黑白交界的两排座位———一黑一白——是随着黑白两种乘客在一路上增减而改变的。例如在中途各站，白人下去得多，黑人上来得多，那黑界就渐渐向着前面的空的座位向前推；如黑人下去得多，白人上来得多，那白界也就渐渐向着后面的空的座位向后推。我后来看到最后留下的那一排座位坐着一个白人，忽然有一个黑女上来。那黑女穿得很整洁，人也生得很漂亮，手上还夹着几本书，但是不敢坐上那一排上空的位置，只得立在门口。车子在那段的路上颠簸得颇厉害，但是她屡次望望那几个空着的位置，现着无可奈何的样子！我尤其恻然的，看见有三四岁天真烂漫的黑种孩子，很沉默驯良地跟着他的母亲坐在后面，又很沉默驯良地跟着他的母亲从后面踯躅着出来下车。他那样的无知的神态，使你更深深地感觉到受压迫者的身世的惨然。大概中国人到美国南方去游历的很少，尤其是在那样小城小镇的地方，所以汽车里面的乘客，无论是白的是黑的，对于我都表示着相当的注意，至少都要多望我几眼；但是他们所能望到的只是我的外表，绝对想象不到我那时的心情——独自孤伶伶地静默地坐着，萦回于脑际的是被压迫民族的惨况，和这不合理的世界的残酷！

在途中还时常看见住小板屋的"穷白"，他们的孩子因营养不足，大抵都面有菜色，骨瘦如柴。

我到塞尔马的时候，已经万家灯火了，在柏明汉没有住成青年会寄宿舍，到这里却住成了青年会寄宿舍。当夜我只到附近的一两条街市跑跑，后来才知道这个小镇的热闹街市就不过这一两条。可是市政却办得很好，不但热闹的街道，就是住宅区的街道也都广阔平坦，都是柏油路。商店都装潢美丽整洁。第二天跑了不少住宅区，玲珑精美的住宅隐约显露于蓊郁的树荫花草间，使我想到这是一万多黑人的膏血堆砌成功的，使我想到在这鸟语花香幽静楼阁的反面，是掩蔽着无数的骸骨，抑制着无数的哀号！

我们读历史，都知道美国有个林肯曾经解放过美国的黑奴，但是依实际的情形，美国现在仍然有着变相的农奴（这变相的农奴也就是黑奴），所谓解放黑奴，只是历史教科书上的一句空话罢了。"变相的农奴"这名词，我是用来翻译在美国南方所谓"Sharecropper"。在英语原文的这名词可直译为"收成的分享者"。这原来可说是不坏的名词，因为农业有了收成，请你来分享一部分，这有什么坏处？但是在实际上这号称"收成的分享者"却丝毫"分享"不到什么"收成"，只是替地主做奴隶，所以我就把它意译为"变相的农奴"，使名符其实，以免混淆不清。这种变相的农奴除了自己和家人的劳力以外，一无所有。地主把二三十亩的田叫他和他的家人来种棉花——美国南方是产棉区。由地主在田里的隙地搭一个极粗劣狭隘的板屋给他全家住，供给他农具和耕驴。在表面说来，到了收成的时候，他应可分得一部分的棉花，但在事实上地主并不许他自己占有这一部分棉花的售卖权。地主所用的方法，是强迫这黑农和他的家人用他替他们所置办的极粗劣的衣服和粮食，以及其他家常需用的东西。到了收成的时候，由地主随便结帐，结果总是除了应"分享"的部分完全抵消外，还欠地主许多债。这种债一年一年地累积上去，是无法偿清的，在债务未偿清以前是无法自由的，不但他自己要终身胼手胝足替地主做苦工，他的全家，上自老祖母，下至小子女，都同样地要替地主做苦工，在南方的地主们数起他所有的变相的农奴，不是以人数，却是以家数。例如一个地主说他有着十家的"收成分享者"，这意思就是说这十家的大大小小都跟着那每个家里的变相的农奴一同为地主服役，没有工资可说的。所以说是十家，把人数算起来，也许要达一百多人。我除到了附近的乡村步行视察外，还雇了一辆汽车到塞尔马郊外的农村去看了好些时候，看见东一个大田中间有一个板屋，西一个大田间有一个板屋；这板屋就只是一个破旧的平房，黑奴几代同堂都塞在里面。在那里，你可以看到褴褛不堪的男男女女大大小小横七竖八地坐在门口地下，外面晒着炎热的阳光，他们就在这样的环境里呆坐着。那天正逢着星期日，他们照例是无须做工，但也无法出去娱乐，其实也无处娱乐，所以只得呆呆地在炎暑之下呆坐一天！他们平日工作是没有一定的时间的，从天亮起，一直到天黑为止！塞尔马的街道那么好，但却没有任何街车，因为地主们都有汽车，奴隶们就只配跑腿。全家服役的变相的农奴们，因此也只有侷促在狭隘肮脏的小板屋里，无法出去，就是出去，也没有什么地方可去。他们乘车的时候也有，我在乡间亲眼看见地主把运货的塌车运输黑奴，一大堆地挤着蹲在里面，和运猪猡一样！

依法律虽不许买卖人口，但是在美国的南方"黑带"里，甲地主要向乙地主让若干变相的农奴，只要出多少钱给甲地主，以代这些变相的农奴还债为词，便可用塌车整批地运走，因为他即成为这些农奴们的新债主，有奴役他们的权利了！这不是变相的农奴是什么呢？

原载 1936 年 9 月 1 日《世界知识》第 4 卷第 12 号，署名韬奋。

再经华盛顿回到纽约

我在美国南方视察的情形，在前几次的《忆语》里已说得差不多了。我由塞尔马回到柏明汉，于六月底经华盛顿回到纽约。离开柏明汉时，最难舍的当然是几位美国男女朋友的深挚的友谊。我临走时向他们问通信处，才知道他们不但开会的地方常常更动，住的地方常常更动，就是通信的地方也是要常常更动的。他们在工作上的技术的细密，于此可见一斑。随后 M 女士终于给我一个通信地址，这地址就是邮政局，他们叫作 General Delivery，由她在邮局留下一个姓名，邮局把她所留下的姓名依字母编列备查，以后便可由她自己到邮局取信，不必由邮差送给她，这样一来，她的地址便不会给任何人知道了。可是如果有人知道了她在邮局所留下的姓名，却尽可以到邮局去冒领她的信，因为邮局只照来者所说的姓名付信，并不认人的。所以就是她在邮局所留下的姓名（当然已不是她的真姓名），也是严守秘密，不轻易告人的。我存着这个通信处，到纽约后屡想写一封信去谢谢他们，但是有许多美国朋友知道南方情形的，都劝我如果没有特殊事件时还是不写的好，因为非常反动的南方，对于纽约来信是检查得很严的。

我临走时，他们都紧握着我的手，许久许久不放，再三叮咛郑重而别。十几天相聚的友谊，竟使我感觉到是几十年患难交似的。为着环境的关系，他们当然都不能到车站来送别，所以我是一个人到火车站去的。我起先并不知道由柏明汉往华盛顿的火车有两种，一种是装有冷气管的（他们叫作 air-conditioned），一种没有，有的要加多几块钱车费。我只注意到华盛顿的时间，糊里糊涂地买了一张"冷气火车"的车票（买的时候并不知道），无意中尝尝美国较近才有的"冷气火车"的滋味。上车的时候，是在夜里，气候还不怎样热，但是进了火车，就觉得格外的凉爽。我"阿木林"似的，最初很觉得诧异，何以气候变得那样快，后来仰头看到车里壁上的广告，才恍然知道这是美国新近的"冷气火车"，才知道是此生第一次坐在有冷气管的火车里，不禁惊叹物质文明的日新月异。同是"冷气火车"，仍然是黑白分明，即白人乘的那几节车，黑人不敢进来，黑人是另有一节车的。我是非黑非白的黄种人，但依例却坐在白人的车里，这是在以前就说过的。我屡次看见黑人上车后跑错了，直闯到白人的车里来，但是当他们的头一钻进之后，知道错误，立即飞快地往回头，有的不提防地向里走了几步才觉察，觉察后就三步作两步地向外奔，好像犯了什么罪恶似的，那种踉跄的滑稽态，初看起来令人觉得好笑，但是仔细思量之后，却是很可悲悯的。这种不平等的待遇，在精神上是有着很大的刺激，黑人里面略有觉悟的人没有不对你表示痛心疾首的。黑人所以遭到这样的惨遇，无非因为他们是被克服的民族，我看着这样的情形，想到自己祖国当前所处的境遇，真是百感丛集，在火车里一夜都没有睡着。我买不起卧车票，原来是预备坐着打瞌睡的，这样引起了万端的心事，想来想去，连瞌睡都打不成了。挨到天亮，等一会儿，由窗口望见炎日当空，烈光四射，可是因为车内有着冷气，还是凉飕飕的，没有想到外面气候已热到什么程度。但是因为一夜没有睡，心绪又不好，也没有想到坐在这冷气里有着怎样的受用。

下午到了华盛顿，一踏出了车门，才感觉到外面气候的奇热，和车内比起来好像是两个世界。我的疲倦的身体，好像在炎夏从冰箱里拿出来的什么东西，一冷一热，在刹那间趋于极端，倏然间觉得头昏目眩，胸际难过得厉害，勉强提着一个小提箱，孤零零懒洋洋地走出车站，简直好像就要立刻昏倒似的。我心里想这样死去，未免死得太冤罢，赶紧转一个念头，勉强跑到车站附近的一个小旅馆里去，一踏进房里，就不顾一切地躺在床上，好像昏去似的躺了两三小时，才渐渐地恢复转来。

在华盛顿因为要调查侨胞的生活，又耽搁了两天。在华盛顿的华侨约有六七百人，也有所谓唐人街。其实不过在一条街上有着十几家中国人开的店铺。在唐人街的一般现象是洗衣作，菜饭，中国式的药材铺和中国式的杂货店。华盛顿也不能例外。这里有一家较大的杂货店，店面有着似乎中国庙宇式的建筑，漆得红红绿绿的。据陪我同去视察的朋友说，这家铺子的老板是华盛顿唐人街的一个重要领袖，娶了一位美国妻子。我们去看他的时候，已近午时，他才从床上起来。我和他谈谈当地侨胞的状况，提到赌的情形，他说最近赌这件事可说是没有的了。一踏出了他的门口，陪我同去的那位朋友就不禁失笑，因为他是很熟悉当地情形的，并且很知道那位"重要领袖"的生活；据他所知道，那位"重要领袖"到午时才起来，就是因为他前一夜是赌到深夜才睡觉的！我说大概做"重要领袖"的人不得不顾面子，可是欺骗不过熟悉内部情形的人。

赌在唐人街的流行，当然也有它的原因。美国人要想发财，可以在做"大生意"上转念头，中国人因资本微薄的关系，虽有极少数的三两个人也走上这一条路，但是大多数都不过是做小生意的，从小生意里发大财是很难的，于是往往视赌博为发财的唯一捷径。而且他们缺乏相当的娱乐，赌博也是一条出路，所以有许多都在这里面寻觅他们的桃源。但是在那里的赌博却也不是一件很简单的事情，因为是有着"堂"的"领袖"们包办的。由这里面引起的纠纷，往往发生所谓"堂斗"。"堂斗"发生的时候，美国的当地官署势必出来干涉，于是在"堂"方面便派出所谓"出番"者（据说就等于"外交家"）和美国的当地官署接洽，用运动费来和美国的当地官署狼狈为奸，他便可从运动费中大赚其"康蜜兄"（佣钱或回扣）。这种"出番"当然是"肥缺"，所以都是由"堂"的"领袖"担任。因此"堂斗"发生，便是"领袖"们发财的机会。既是"斗"当然需要打手。这类打手，他们叫作"斧头仔"；追究这名词的所由来，是因为在数十年前，他们用的武器是斧头；后来物质文明进步，有手枪可用了，但是他们在名词上还是同情于复古运动，所以仍用旧名。这类打手最初多为失业的人，由堂的"领袖"时常借钱给他，债务渐积渐多起来，无法归还，便须听受"领袖"的指挥，遇着有事需要打手的时候，便被使用。打死一人，还可得到酬报一千元或五百元。打死别堂的"领袖"，可得到酬报万元。

据说在华盛顿半年来（就当时说）也有了几个中国妓女，堂的"领袖"们不但包办烟赌，而且也包办妓女，所以堂的"领袖"往往也就是老鸨！"领袖"这个名词竟有机会和老鸨连在一起，这真是"出乎意表之外"的一件奇事。美国因受经济恐慌尖锐化的影响，近年来妓女的数量大增，因人数大增，出卖的价格也不得不特别减低。据说在华盛顿的美国妓女（美国没有公娼制度，所以都是私娼），从前一度春风须四五个金圆的，近年已减低到两个金圆了；但是在那里的中国妓女因为不是"自由"的身体，多受一层剥削，仍须四个金圆，不能和美国妓女竞争，生意也不及以前了。

我和华盛顿相别了，但是我和华盛顿相别的时候，不及对于柏明汉的那样依恋不舍，虽则华盛顿比柏明汉美丽得多。这无他，因为在柏明汉所遇着的几位美国男女朋友的深挚的友谊使我舍不得离开他们。我由华盛顿回到纽约的途中，坐在火车里，种种念头又涌现在脑际。最使我想到的当然是这次在美国南方所看到听到的关于"变相的黑奴"的生活。在美国的劳工大众受着他们资产阶级的榨取和压迫，诚然是很厉害的，关于这方面的种种情形，我以前和诸君也谈过不少了。但是在美国的黑人（最大多数都是属于劳工阶级）所受的榨取和压迫更厉害得千百倍，因为他们在表面上虽称美国为他们的祖国，但是他们的民族实在是整个的处于沦亡的地位，他们在实际上实在无异做了亡国奴。所以他们在法律上、经济上、文化上，以及一切的社会生活，都不能和美国的白种人立于平等的地位。在美国南方贯穿十几州的所谓"黑带"；黑色人口只有比白种人口多，但是因为等于做了亡国奴，人口虽多，还是过着那样惨苦的生活。可见领土和主权不是自己的时候，人数虽多还是无用的。这是我们所要注意的一点。黑人里面有不少觉悟的前进分子，已在积极主张"黑带"应该自立，成立一个独立的黑国，这件事说来容易，要真能使它实现，却是一件很难的事情，因为既经没有了的领土和主权，要再得到是很难的。这是我们所要注意的又一点。想到这种种，已使我们做中国人的感到汗颜无地了。我回想所看见的黑人的惨苦生活，又不禁联想到在中国的黄包车夫（或称洋车夫）的生活。老实说，人形而牛马其实的黄包车夫生活，比美国南方的"变相的黑奴"的生活，实在没有两样！我们只要想想，在炎日逼迫之下，或是在严冬抖战之中，为着一口苦饭，几个铜子，不得不弯着背脊，不顾命地奔跑着，这样的惨状，人们见惯了，也许熟视无睹，但是偶一回想，就是那些在"黑带"做"变相的黑奴"的苦作情形，也不过这样吧！都是把人当牛马用！我坐在火车里独自一人默念到这里，虽然这躯壳是夹坐在"白"的车厢里，望望那"黑"车里的黑人们，却不免感到说不出的惭愧，因为大多数中国苦同胞的"命运"（做苦工过着非人生活的当然还不限于黄包车夫），并不比他们高明些！

回到纽约了，好像回到了临时的家乡，但是再耽搁一星期又要和它离别了。在离别前，除继续搜集研究材料外，对于那里的华侨情形，也做了比较详细的调查。

关于纽约唐人街的情形，我以前已略为谈过了，现在只想再谈谈关于组织方面的大概。我在上面提及"堂"，在纽约有所谓安良堂与协胜堂。推溯这两"堂"之所由来，听说最初到美国去的华侨格外穷苦，加以美国移民律限制的苛刻，各人当然都无力带妻子同去，成为无家可归的人。穷苦和无知又往往结不解缘，他们在偷闲的时候便聚赌，一言两语不合便在赌场里打架。后来有些人积下了一些钱，由不顾一切的穷光棍而变为有些钱的商人了，于是为着他们自己的利益计，觉得有镇压一班穷光棍的必要，便联合他们的一派组织安良堂，一班穷光棍也组织协胜堂以为抵抗。所以最初协胜堂颇有反抗压迫的意味。但是后来各堂各占一街（在纽约的唐人街就只有两条街），认为各有各的势力范围，包庇烟赌和娼妓，同样地由少数人所操纵而腐化起来。华侨的总组织有所谓中华公所，中华公所的董事会在表面上是由各团体（主要的是各会馆）分派代表，及所选出的主席、书记和通事所组织，在实际上却是由两个主要的团体轮流主持，一个是宁阳会馆，由最占势力的台山人组织的；一个是联成公所，是由台山以外的数十县的广东人和少数他省人组织起来的。所谓主席、书记、通事等等，都由这两团体轮流分配。所谓"堂"却在后面操纵各团体，由此操纵中华公所的一切。就一般说，堂是任何人可以加入，会馆则有的以几县的区域为范围，有的以族姓为标准，有的在一个会馆里还分派。简单说一句，他们的组织还是道地十足的封建的遗物。堂的"领袖"以前称会长，中国"革命"后主席盛行，他们也改称"主席"，各堂内还分有小派。

两个"堂"各据一条街，做各个的势力范围，例如有甲堂的人在乙堂的势力范围内开一家店，乙堂便出来干涉，甲堂同时要出来保镖，先来调解，讲条件，条件讲得不合，便是堂斗的导火线，大家派出打手来打个你死我活。这种"地下"的权力是出乎美国警察势力范围之外的。堂斗厉害的时候，唐人街都不得不罢市，美国人也相戒不要到唐人街的范围里面去。受损失最大的当然是华侨群众；无论谁胜谁负，群众都得不到什么好处，分赃的好处只是归于少数所谓"领袖"。在只求安居乐业的华侨群众是用不着堂斗的，是不需要堂斗的，但是因为组织为少数人所操纵，只得眼巴巴望着他们胡闹；这好像国内的老百姓用不着内战，不需要内战，而军阀们却用内战来为少数人争权夺利一样。大多数的华侨群众都是很勤俭刻苦的老实人，徒然供少数人的榨取剥削罢了。美国的劳工界的组织，如全国总工会及若干分会之类，也在少数官僚化的人们的手里，近数年来美国劳工运动的重要趋势是"群众运动"（rank and file movement），就是要把组织从少数人手里夺回到群众自己的手里来。其实华侨的组织也有这种的必要。华侨的组织不健全，当然不就是大多数华侨的不兴，犹之乎美国劳工组织的官僚化，不就是大多数美国工人的不兴，这是要分别清楚的。据我所知道，纽约华侨的团体中有个新兴的衣馆联合会，已有四千家衣馆加入（纽约一向有华人开的衣馆六千家），还在继续进行，便是一个由群众自己组织的团体。可见"群众运动"在他们里面也略有端倪了。

原载 1936 年 11 月 1 日《世界知识》第 5 卷第 4 号，署名韬奋。

两个农家的访问

　　上次和诸君所谈的，可以说是关于美国农业和农民生活的鸟瞰，现在要略再谈谈访问农民领袖的情形。

　　我于七月十六日下午和纪因及赛意离开了明尼爱普利斯，于当日下午八点钟到南得可塔州东北角一个小镇叫作克勒尔城（Claire City），再到离开这个小镇约二英里的一个小村里面去，访问一个农家姓乌华斯特的（Walstad）。美国小农村里的房屋是零星散布在农田中的，很不容易找。幸而住在小农村里的居民大概因人家不多，彼此都是相识的，所以在途中问了几次路上的行人，由他们的指示，在田陌间转了几个弯，由赛意下车去问了几家，就找到了乌华斯特的家里。说来有趣，这个农家的全体都成了最前进政党的热心分子，一父两子和两个媳妇都成了农民运动中的健将！他们当然都加入了联合农民同盟。大的儿子有三四十岁了，名叫克勒伦斯（Clarence）。我们到的时候，正看见克勒伦斯在房间里的一架油印机上大印其印刷品，预备发给本村各农家的。他的妻子也在旁边帮忙。他们和我们大谈了许多有名无实的"农民救济"的种种黑暗内幕。不一会儿，他们的老父由田间回来了，他的弟弟也由田间回来了。老父名叫康特（Kunt），六十几岁了，弟弟名叫纠利爱斯（Julius），年龄看去有三十几岁，克勒伦斯没有子女，纠利爱斯却有着一大群小把戏，大概有五六个，由两三岁到六七岁，庭院里和饭厅上（同时也就是客厅）都被他们吵得怪热闹。老父喜欢说笑话，顾盼这些孩子们笑着说，你不要看不起他们，这些宝贝都是未来的青年党员啊！他听说我们都是由纽约来的，那是很远的地方，他又说笑话，说："你们从那样远来，到底是不是反动派弄来的奸细，我真有点担心！"当然，这只是说笑话，有柯勒尔的介绍，他们不会疑心我们是什么奸细，全家都十分殷勤地招待我们，特别烧了好菜请我们吃晚饭。夜里把小把戏们挤到一只床上去，留出一个床来给我们过夜。

康特很感慨地告诉我们，说他数十年的血汗积蓄，原来已有了二三万金圆存在银行里面，后来因银行关闭的狂潮，完全丧失，一无所有，他的妻死了，现在就和两子同居，分受一点有名无实的所谓"救济"。他说他们所住的这个小村里有七八百人口，农民苦干得像奴隶一样。在以前繁荣的时代，一个勤俭自守的农民还可有数百元或数千元储蓄在银行。那时地价一天高一天，每亩地价约达一百二十五金圆。但是一九二九年以后，地价竟跌到每亩二十金圆，现在虽有一部分农民仍糊里糊涂，仍想靠苦干来挽回厄运，但是已有一部分农民觉悟，认为非联合起来抗争是无济于事的。这位老农不但认识正确，而且对于革命理论也谈得头头是道，听说他的书也看了不少，我和纪因及赛意都为之惊叹。

纠利爱斯也是一个很有趣的人物。你看他穿着农民工作的衣服由田间回来的时候，似乎有些土头土脑的样子，但是你如开口和他谈谈，便知道他一点也不土！原来他也是农民运动中最英勇的一个分子。当夜刚巧在附近农村的一个小学校里（就只有一个房间的小学校）约了几个农民开会，我们也乘着这个机会跟他去看看。他有一辆蹩脚的福特旧式汽车，开起来在马路上隆冬隆冬响而特响，他一面开车，一面告诉我们，说有人喜欢称道美国农民有汽车，这个破烂的车子就是一个标本，坏了没有钱修理，连汽车号牌也没有钱去付捐。我问没有汽车号牌，如果被查了出来，要不要被罚。他说在这样尴尬的时代，那里顾得许多！他并说在乡间人少，大概可以混混；偶然开到城里去买东西，只得设法把车子停在警察看不见的地方，有的警察虽看见了，也马马虎虎。他用很滑稽的姿态和口气说着，我们听了都不由得大笑起来。

我们在路上隆冬隆冬了好些时候，在黑暗中已到了准备开会的小学校。已有几个人先到了，都暂在小学校的外面空地上等候着。一阵一阵地有农民开着车子源源而来。车子都不比纠利爱斯的高明，有的只是陈旧不堪的货车，隆冬隆冬的声音就更大。有许多农民连田间工作的衣服都来不及换，就那样穿在身上来赴会。人都齐了，同进小学校里去开会。到会的约有三四十人，有三个女的。纠利爱斯也起来发表意见，他立到讲台上去，居然滔滔不绝地讲了半小时的话，说得很有条理。他不但能演讲，而且在行动上也很英勇。本村有农民因银行逼债，要把他全家驱逐出屋，纠利爱斯等特招集多数农民出来阻止。这农家虽赖群众的力量，仍得暂时住着，但是纠利爱斯却大受反动派的嫉忌，曾经被绑去毒打过一顿，可是他的热心于农民运动，仍然是很积极的，并不因此而有一点退却。他在不久以前也曾被推举加入美国农民代表团去参观过苏联。据说当时有十六国的农民共派一百六十个代表去苏联视察，美国也是其中的一国。他回国后还写了一本小册子出版，报告他在苏联的见闻。我问起他对于苏联的感想，他回答得颇为有趣，他说："我在那里看不见像美国这样在饥饿线上打滚的农民生活。我在那里也看不见有人把农民从他的家里驱逐出来。我在那里也看不见有农民常常惴惴恐惧要失掉他的家和农场。我在那里也看不见有剥削者和被剥削者。我在那里所看见的只是工人和农民为着他们自己的国家努力工作着，他们所造成的结果就是他们自己享用得到的。"

我们在乌华斯特家里睡了一夜，第二天早晨起来之后，康特告诉我们，说隔壁村里有两个大学女生，是由东部来到农村里帮助农民运动工作的。等一会儿，她们两位因也听见我们到的消息，虽素不相识，却乘着她们自己的很讲究的汽车来看我们了。她们原来是同胞姊妹，一个叫白黛，一个叫琼恩，年龄都在二十左右，生得非常娇美。一个还在大学求学，一个已毕了业在纽约新闻界任事。她们都出身富有之家，同时加入了最前进的政治组织，对于农民运动有着非常的热忱，乘着暑假时期，自备了一辆汽车，同到农村来尽义务的。她们常常用着自己的汽车替农民团体分送印刷品，或接送较远地方赴会的农民。美国青年活泼健谈，有她们来，我们这一群突然增加了更愉快的空气。她们当天下午还要到附近各村去散发印刷品，我们三人也加入她们的那辆非常讲究的汽车去帮了半天的忙，午饭和晚饭都同在一个附近的小菜馆里面吃。这两个女青年对于中国的民族解放运动也有着浓厚的兴趣和深刻的注意，向我探问了许多话，那种热诚是很可佩的。美国的男女青年为着革新运动的推进，情愿尽义务来干，像这两个妙龄女子，也是一个例子。

我们当晚八点后离开这个小农村，行到十二点钟，在一处"木屋"里歇息一夜。这个"木屋"是我随便创译的，原文是

cabin，是一个一个小的木屋，用木板造成的，每个木屋只有一个或两个房间（大多数只一个），往往在一个路旁的草地广场上建造一大群这样的木屋，四面用竹墙或其他式样的矮墙围起来。除了我以前曾经提及的人家出租给旅客的房间外，这类木屋也是预备给旅客住的，里面有着床榻及简单椅棹的设备，并另有一个木屋装有新式浴盆及抽水马桶等，以备旅客使用，价格比旅馆便宜。美国农民住宅还多数没有电灯，没有浴室和抽水马桶等等卫生设备，乌华斯特的家里也这样。我们几个人到了这木屋里，愉快地洗了一个澡，舒舒服服地睡了一夜。

第二天早晨（七月十九日）八点钟，我们又上征程了，直开到夜里十点钟，又到同州的另一个小村，叫作雪菲尔德（Sheffield），那里有个农家姓爱尔斯（Ayres）的，是柯勒尔介绍我们去访的第二个农家。乌华斯特那里是种麦，爱尔斯却偏重在畜牧，尤其是牧羊。屋子也不同，前者所住的是一般的平屋，后者所住的却是旧式的木屋，他们叫作 log cabin，里面虽分有几个房间，外面看过去却好像是一根一根树木叠成的，至少墙上是有着这种的样子。里面地上虽铺有漆布的地毯，但是没有自来水，没有电灯，没有浴室，没有抽水马桶，却和乌华斯特那里一样。我们到的时候已经不早了，主人姓爱尔斯，名轰默（Humer），很殷勤地出来招待我们，和他的妻子和唯一的女儿陪我们同用晚餐以后，又同在木屋的门外，围坐在地下谈到深夜才睡。我们三个人就在他的客厅里搭着三架帆布床睡。第二天因为要赶路，黎明即起，看他起来亲手在牛旁捏新鲜牛奶给我们喝。轰默年约四十来岁，也是农民运动中的前进分子，境遇似乎比乌华斯特略为好一些，所以他的妻子和十四岁的女儿都穿着得比较讲究些，也有一辆福特旧式汽车，虽也并不高明，但比乌华斯特的好得多了。他用着自己的汽车陪我们去看了好几个畜牧场，并带我们去另一个农家里去吃中饭，参观他的家庭，那人家有三个成年女儿，她们和轰默的女儿都成了前进政党的青年党员，对于我们都格外有着同情的态度。轰默对于 AAA 减少畜牧数量的办法，也深致愤慨。他是第一次看到中国人，他的家属也是第一次看到中国人，但是他们待我的诚恳殷勤而又自然，却好像是老朋友一样。轰默更非常健谈，而且诙谐百出，令人绝倒。据他告诉我们，那个区域还多少保存着最初移民时的习俗，遇有争执的事情，彼此打一架；谁的膂力强，打得赢，谁就占便宜，什么法律不法律，还不大通行！我们看见轰默的体格魁梧，都想他一定也是一个好打手！他的那个爱女虽只十四岁，生得非常健康美，好像十七八岁的小姑娘；将来大概也是一位女打手吧！

我们于七月二十日的下午五点钟和他们握别，当夜十一点钟开到外屋明州西北部的一个小镇叫可地（Cody），又在"木屋"里过夜，第二天早晨（二十一日）六点钟即起程，直驶世界最著名的最大公园——黄石公园（Yellowstone National Park）。

美国的殖民地夏威夷

美国的殖民地，除了菲律宾外，要轮到夏威夷了。我于八月十四日的早晨七点钟到夏威夷的首都火奴鲁鲁，和几位旅伴上岸租了一辆汽车，畅游了一整天。这是一个旅行者所喜到的名胜，不但有很好的海滨游泳场，而且碧绿的山坡，一望无际的茵草，丛林四布，鲜花怒放，四季常春，所以有人称为"太平洋的天堂"（"Paradise of the Pacific"），在表面上看来，似乎名不虚传，但是如果仔细研究一下，便知道未必尽然。

夏威夷群岛共有岛屿二十个（只九个岛上有居民），面积共为六千四百九十九方英里，人口共为三十八万余人（308507）。但是这三十八万余人里面，这群岛原来的主人公（即夏威夷土人）却占极少数。当十九世纪初叶，美国的传教士——侵略殖民地的先锋队——开始钻到这些岛上的时候，据估计夏威夷土人约有二十万，但是自从"文明"传进去之后，《圣经》和梅毒盛传各地，大肆其虐（传教士成为该群岛的大资本家和政治的操纵者，详见后），到今日，夏威夷土人余下的只有二万余人（22230），占全部人口百分之六还不到！据艾尔卿（W.B.Elkin）所调查，说夏威夷死亡率之所以高，重要的原因有二——恶疾和其他疾病。梅洛（David Malo）关于夏威夷的记载，也说花柳病在该群岛的人民间极为盛行。他们两人都说花柳病都是那些宣传

"文明"的先生们输入夏威夷群岛的。后来传教士和美国的商人合作，"文明"的范围愈益扩大，把资本主义的剥削制度也输了进去！土人不胜梅毒和残酷榨取的蹂躏，到一八九三年的时候，土人仅残余五万八千人左右，比四十年前少去了一半，到今日更少，只有二万余人了！

今日在夏威夷最有势力的帝国主义者都是以前到该地的传教士的"世家"，大姓有刻苏（Castle），苦克（Cooke），包尔温（Baldwin），亚历山大（Alexander），哲德（Judd）和杜尔（Dole）。这里面因为到得最早而尤其有势力的，是刻苏和苦克。这两家的"上帝的传达者"（"Messengers of God"）看到商业资本的时期已经成熟，就设立刻苦有限公司（Castle & Cooke, Ltd.），同时操纵政治。第二代的"刻苦世家"看见商业资本的时代将去，工业资本的时代到来，他们就用种种取巧的办法大买其土地，大规模地种植甘蔗，改善交通工具如货船等，大做其糖业。同时因为他们的政治势力，于一八七五年和美国订立互惠条件，准许夏威夷的糖免税入口。这样一来，在美的夏糖入口大增，免税后第一年入口就两千万吨。一八八七年最高增至二万万吨以上！于是巨大的利润尽往"刻苦"的财库里滚。但是要使他们的糖业获得更大的保障，他们更做进一步地出卖土人的阴谋，于是在一八九八年，索性怂恿美国吞并夏威夷，进一步巩固他们的"文明"！今日夏威夷政府在实际上只是"刻苦"营业的一个支部而已。

他们的糖业发达，生产飞涨，土人死亡加多，劳工不免缺少，自一八五三年后开始输入中国的"苦力"，据说第一次数量是三百六十四人，五年合同，每月工资仅仅三块钱。这便是所谓"猪仔",等于奴隶。但是中国人不惯于做奴隶,慢慢地由甘蔗场溜出去做别的生意,如杂货铺、肉铺、酒店或其他商业。他们欢迎中国人去是去做"苦力"的,如今不愿安于"苦力"的地位,却给与他们不少的麻烦。到了一八九八年,美国并吞夏威夷之后,就用法律禁止中国人入口,转而求供于日本人。于是日本人大批地来,可是也不愿久做奴隶,也渐渐溜去做其他商业,至一九〇七年,美日成立了所谓"君子协定"("Gentlemen's Agreement")也禁止日本人再来。但是已来的不易赶出去,现在日本人共有十四万四千六百余人(146189),占该群岛人口百分之三十八。大老板们又须另外设法找奴隶了,输入了好几千俄人、西班人、坡托里科岛人(Puerto Ricaws)、高丽人等等,但是场主也不能把他们久留在甘蔗场做苦工,于是转而求供于菲律宾人。在一九二九年,输入的菲律宾人达一万一千余人(11628),都是男的,没有女的。(大概输入的工人都是男的,极少有家眷同来,娼妓的奇多和梅毒的广播,这也是一个因素。)据一九三二年的统计,该群岛人口中最多的是日本人,其次是菲律宾人,共有六万五千余人(65515)。中国人只有二万七千余人(27235)。日本人和菲律宾人都有他们的工会组织,所以资产阶级虽压迫得厉害,而劳工界的反抗也一天天高涨起来。

在夏威夷,糖业是最大的营业,共用工人达十万五千人,几占全部人口三分之一,近几年每年产糖约八百万吨。他们利用机器制糖,一九〇〇年每人每年可制糖六点七吨(6.7),一九二九年增至二四点二二吨(24.22),自一九〇〇年以来,生产力增加了四倍,但是这种效果,于劳工界是毫无益处的。工资还是照旧,每日总在一元以下。自一九二九年以来,工资更被大大地减少。每日工作时间通常十小时，每日工作至十二小时的也有。仅糖业一项投资共一万七千五百万金圆（$175000000）。

夏威夷顶大规模的农业利润，除糖外，便是波萝蜜（pineapples）。这一项的投资也有三千万金圆（$30000000），工人约有万余人，工资和糖业工人一样的苦。可是少数资本家的利润却很有可观；以三十四万人口的地方，每年被资产阶级所榨取的利润竟有二千五百万金圆之多。"刻苦"的"寡头政治"不但垄断糖蔗和波萝蜜两大农业，成为他们的专利，而且也垄断夏威夷的金融，夏威夷有十九个银行，除一个中美银行（Chinese-American Bank）外，都在"刻苦"的掌握中。一九三〇年，股息多到三分利。

夏威夷的土地也是由少数人所垄断专利的。像波萝蜜大王杜尔（James Dole）就有着林乃岛（Linai）全岛的土地，——九万亩之多！因为糖业和菠萝蜜业在这里是替帝国主义者榨取利润的两种农业，而土地又握在少数帝国主义者的手里，于是他们便限定土地只许种这两种东西，不许分营其他的农业。这样一来，食粮都要由他处输入了；就是纺织业，鞋业，或其他相类的轻工业，在这群岛上也都没有立足之地；差不多除了糖和菠萝蜜之外，什么日用品都要由他处输入的！这种情形，阻碍了这群岛的工业化（这是帝国主义对付殖民地的一个方式），并使一般劳苦大众的生活费用增高，促进他们的穷困。

我们在游览火奴鲁鲁的时候，在田间看到许多甘蔗和菠萝蜜大农场的盛况，也许只知惊叹于生产的丰富，但是稍稍研究一下，便可知道这后面实含有这样多的把戏，隐伏着多少的被榨取的膏血！

夏威夷除做了美国大老板的剥削胜地外，在太平洋的未来战争中也占着很重要的位置。火奴鲁鲁的真珠港（Pearl Harbor）便是太平洋上设备最完善的一个军事根据地，美国对这件事已用了五千万金圆；依海军部的计划，还要再用一万万金圆。这里不但是太平洋上海军的一个重要根据地，并且也是陆军空军的根据地。我们想到国际风云的紧张，日美的矛盾，日帝国主义对中国和苏联的逼迫，便知夏威夷在军事上的重要性是很显然的。美国目前在夏威夷的驻军约有三万人。

将开船时，在船上送客的人群里面无意中遇着一位华侨邝君，对他略为问起火奴鲁鲁侨胞的近况。据说该处日本人有六七万，华人只有一万余。华人事业，关于饭馆和洗衣，只有逐渐消灭，无发展希望，尤其是洗衣自有公司组织利用机器之后，手工更难支持。此外最多的要算开杂货店，约有一二百家，但最近趋势，亦多被日本人所开的杂货店抢去生意，因为日货价格低贱，销路易畅。至于次一代的青年，多升学，毕业后即不愿经营父兄的旧业，但是因为经济恐慌，得业却也不易。他觉得非祖国振作有为，侨胞也受到严重的打击，前途是很暗淡的。

我在船上的房间里，原来只有一人独住，经火奴鲁鲁后，加入了一位青年朋友梁君，他的家即住在火奴鲁鲁，这次是要回香港的学校里去继续求学。他的家人也在火奴鲁鲁开杂货店。据说这种杂货店最大的有四五家，小者无数，但是生意都大不如前。他的意思，最大的原因也是由于日本人的激烈竞争。日货特别便宜。例如毛菰，中国货每磅要售两元七角五，日本货每磅却只售一元二角五。又例如绿豆原为中国特产，但是日本人仿效种植，中国货每磅要售五仙，日本货只售两仙。虽然日货的绿豆比中国货较差，不及中国豆大，但是因为有了他们贱货的竞争，中国货却不免受到打击。此外中国特产品最重要的有八珍梅，日货没有，但现在日本人已派人往中国广州去学习制法，将来他们成功后，又要来打击中国货了。他的结论是中国杂货店在夏威夷恐怕也没有什么前途。我安慰他说，中国必有光明的前途，所以侨胞也必有光明的前途，不过这光明的前途，不会自己来的，必须我们共同努力，促成它的实现。

第三辑　书话漫谈

读《在晓庄》

关于书报的介绍，本刊原有所谓"介绍好读物"一栏；我们所欲介绍的是就一般读者看来觉得有趣味有价值的东西。但是我近来觉得有的书虽近乎专门的性质，其中也有很值得抽出来在本刊上谈谈的部分，所以便想另做近乎"读者录"一类的文字，弃繁取精，以节省读者的时间与精力，《读〈在晓庄〉》可以说是这类文字的第一篇。

程本海先生著的这本《在晓庄》，是将他在晓庄——南京的一个村庄——和陶行知先生等共同努力于"革命的乡村教育"所经过的片段生活，"从日记簿上选录那含有特殊意义的作品汇集起来"的。（全书一二三页，包括三十七篇短文，本年由中华书局出版，定价四角五分。）读这本书可以明瞭为中国教育放一异彩的晓庄乡村师范学校的实际情形，原是研究乡村教育者应看的一本好书，但是我觉得其中有许多事实和精神实值得我们虽然不是专研乡村教育的人的注意：

（一）我常觉得中国之所以乱糟糟，无非大多数人睡觉，纵任少数人瞎闹。中国现在虽号称有四万五千万人，但其中占人口百分之八十五的农民便是不识不知顺帝之则的睡觉朋友。他们睡觉的程度如何，请看本书里提起的这一件事："码头庙离尧化门约两里许，每年于阴历三月十五日要举行轰动一时的迎神赛会，附近十几个村庄，男女辍业，一齐参加，到会者总有四五千人之多……"民国十六年那一次会期，恰巧著者由晓庄师校派在尧化门小学服务（按此校亦成绩卓著的一个乡村小学），认为这是实行社会教育的良好机会，便和几位同事的教师及小学生带了标语小旗风琴留声机等出去化装演讲。后来怎样？请听他接着说下去："不一会，震天价响的锣鼓声远远地来了……果然有许多旗迎面而来……跟着红男绿女，手携着香，很虔敬地紧随着向前推进……有四人抬来的一座神像也排列在庙前……好奇心驱使我一步一步地走向那四人抬的神像前，看一看那牌位上的字，不禁吓了一跳，还堂而皇之什么'当今皇帝万万岁'七个大字！……"怪不得著者要叹口气道："咳！青天白日旗帜之下，尤其是在首都附近的民众，还演出这种轰动一时的盛会，怎不令人叹息！"

（二）中国睡觉的国民实在太多了，尤其是占大多数的农民，著者和他的许多同志在晓庄所努力的工作，就是传播"唤醒农民"的种子。他们深信"乡村学校应当作改造乡村的中心"；他们深信"乡村教师应当作改造乡村生活的灵魂"；他们深信"乡村教师必须有农人的身手，科学的头脑，改进社会的精神"；他们深信"如果全国教师对儿童都有鞠躬尽瘁死而后已的决心，必能为我们民族创造一个新生命"。他们在学校的工作是这样："本校的办法是主张在劳力上劳心。本校全部生活是'教''学''做'。教的法子根据学的法子，学的法子根据做的法子。我们的实际生活就是我们全部的课程，……我们每天早晨五时有一个十分钟至十五分钟的寅会，筹划每天应进行的工作，是取一日之计在于寅的意义。寅会毕，即武术，本校无体操课，即以武术代。上午大部分时间阅书：所阅之书，一为学校规定者，

一为随各个人自己性之所好者。下午工作有农事及简单仪器制
造，到民间去等。晚上有平民夜校及做笔记日记等。"他们到民
间去是"师生个个都穿草鞋或赤脚在田野工作"，真"和农民做
朋友"，不是挂在嘴上吹的！关于这一点，书里有这一段有趣的
纪述：

"我们学校自开办以来，处处以农民为对象，想尽方法以开
通他们的知识，增进他们的生活于水平线之上。但是谈何容易？
所以我们的步骤先要和农民做朋友为第一着。……起初，农友对
我们很怀疑。抱着'敬鬼神而远之'的态度，不敢和我们接近；
久而久之，由认识而结成邻友了，不但我们时常到他们家里去
玩，就是他们也扶老携幼常到我们学校去游玩，吾校各室都是开
放，任他们自由进出，随便闲谈，看清我们的起居饮食和他们相
仿佛，并非怪物；才渐渐相信我们是好人，由信仰而发生情感，
一天天亲密起来了。"结果是：

"这里是一个荒芜荆棘的地方……形成了今日灿烂光明的晓
庄，从颓败中建筑了伟大的房屋七八座，从荆棘中开辟了肥腴的
田地和树林，把半开化的农民也陶冶起来了，把目不识丁的野孩
也教养成活泼可爱的学童了……这样的为下层民众尽瘁的工作，
实有大功于国民革命，决非嘴里喊着革命而实际却是猎取个人富
贵利禄的勾当所能同日而语！"

（三）无论什么事业，最可贵的是能得到披肝沥胆，一片赤
诚，兴趣浓厚，欣欣然共甘苦朝着目标努力前进的同志，也是著
者所谓"真同志一人可以抵当平常的百人千人的力量"。我在本
书里最觉可敬的是随处可以看出著者欣欣然津津有味向前干的精
神。他在《自序》里说："……自信一字一句都是从实际生活上

得来的，而从内心的深处自然流露在笔尖上。换句话说：我的心灵已献给天真烂漫的小朋友和忠实可亲的农友们……"

（四）最后我还有一点零星的杂感，就是觉得这本书里有几处写得活龙活现，著者大有"写生之笔"，例如《农业的午餐》一文里说："一个星期日的上午，小学生王金顺和他的妹子跑到小学，请潘先生和我二人同到他的家里吃中饭，起初，我们谦辞至再，而他去了又来，来了又去，一连跑了三次，说是他的爹，他的妈一定要请我们过去吃杯酒……"令人如闻其声。又如《在晓庄小学实习最后的一天》一文里，举行寒假休业式的一天，引导小朋友做感谢师长及父母的设计："当时有许多参观的农友看见自己的孩子向他行礼，都高兴了不得。"土老儿们的惊喜局促窘态历历如绘。又如《怎样处理"告诉"》一文里说起小学生时常为了一些小事情便向先生来告诉："一天，轮流着我做监护值日者，我刚刚走进工读室，玉龙来说：'程先生，马荣骂我！'一会儿东来又来说道：'程先生，李生瑞打我！'接着又是门外传来叫喊声：'我去告诉程先生……'"儿童的稚气戆态活跃纸上。

十九，三，七，晚十时脱稿。

原载 1930 年 3 月 23 日《生活》周刊第 5 卷第 15 期，署名韬奋。

读《政治学大纲》

　　这是北京大学丛书之七，张慰慈先生著，民国十九年改订本。全书四百三十一页，商务出版，定价一元半。本刊不是研究政治学的刊物，故记者无意介绍此书的全部内容，现在只提出两点来谈谈，一点是做国民的职务，还有一点是做政府的职务。

　　孙中山先生在《民权主义》里把国家的权分为两种，一种是国民所应执行的政权，一种是政府所应执行的治权，他这样说："国家的政治大权分开成两个：一个是政权，要把这个大权完全交到人民的手内，要人民有充分的政权，可以直接去管理国事，这个政权便是民权；一个是治权，要把这个大权完全交到政府的机关之内，要政府有很大的力量治理全国事务，这个治权便是政府权。"中山先生又进而把"政权"和"治权"分析来讲："在人民一方面的大权是要有四个权：这四个权是选举权，罢免权，创制权，复决权。（编者按，各权意义见文末附注。）在政府一方面的是要有五个权。这五个权是行政权，立法权，司法权，考试权，监察权。用人民的四个政权来管理政府的五个治权，那才算是一个完全的民权政治机关。有了这样的政治机关，人民和政府的力量才可以彼此平衡。"本书著者根据这两段话，断言："孙中山先生是不肯模仿日本德国那种专制式的富强方法，又不肯模仿欧美那种民治式的方法，所以提出一个新方法，希望一方面能够有一个强有力的政府，又一方面能够使民权发达到极点。这个方法就是把权与能分开，人民是有权的，可是没有能力；政府是有能力的，可是没有权。"例如中山先生自己曾经说过："讲到国家的政治，根本上要人民有权，至于管理政府的人，便要付之于有能的专门家，把那专门家不看作是很荣耀很尊贵的总统总长，只把他们当作是赶汽车的车夫，或者是当作看门的巡捕，或者是弄饭的厨子，或者是诊病的医生，或者是做屋的木匠，或者是做衣的裁缝，无论把他们看作是那一种工人，都是可以的。人民要有这样的态度，国家才有办法，才能够进步。"

著者提起中山先生讨论权与能应当分开的原则时候有一个很值得我们注意的比喻。他把《三国演义》里的诸葛亮与阿斗来比政府与人民。他说："诸葛亮是有能没有权的，阿斗是有权没能的。阿斗虽然没有能，但是把什么政事都付托到诸葛亮去做，诸葛亮很有能，所以在西蜀能够成立了很好的政府，并且能够六出祁山去北伐，和吴魏鼎足而三。"他又说："现在民权政治是要靠人民作主的。所以中国四万万人，就政权一方面说，是像什么人呢？照我看起来，这四万万人都是像阿斗。中国现在有四万万个阿斗。人人都是很有权的。阿斗本是无能的，但是诸葛亮有的，所以刘备死了以后，西蜀还能够治理。"

著者引了这两段话之后，也有两段"很值得我们注意的"话。有一段是：

"'中国现在有四万万个阿斗'，这一句确实可以使我们明白中国政治问题，特别是人民政府问题……假使阿斗没有一个诸葛亮，有一个曹操或一个董卓，阿斗虽有权，恐亦不晓得怎样去利用他的权……一个阿斗有一个诸葛亮能够治理西蜀，现在中国四万万个阿斗不晓要多多少少的诸葛亮才能治理中国。所以现在中国的政府问题一方面是怎样去找出无数有能的诸葛亮，又一方面是怎样去教育与训练四万万有权的阿斗，使他们遇着曹操董卓一类人物，晓得怎样去用他们的权。"

还有一段是著者对"阿斗"大作一番分析的研究："'人民是阿斗'，以阿斗这样的知识与程度，那能晓得他自己本身的利害，那能晓得用怎样的方法，最容易得到他的利益。中国'四万万阿斗'之中，大部分连他们自己的衣食住尚不能顾全，知识幼稚到极点，又没有享受教育的机会，他们那有时间，那有能力，去研究全体社会的需要？至于那般上等社会阶级的'阿斗'又自私自利，只知保全他们的特殊权利，不顾全体社会的利益。只有极少数知识阶级的特殊'阿斗'稍能明社会上的需要，稍能表示一些公意，但他们既没有实力，又没有相当的保障，所表示的公意差不多等于废话……假使中国'四万万个阿斗'个个都能发奋力行，就是学不到尧舜禹汤，最低的限度也得要学到像他们的爸爸刘备，有辨别善人恶人的能力，能够找得出像诸葛亮一类人物，付托国家大事，那末孙中山先生权能分开的学说才能实行，民权主义才能成为事实，人民政府才能发现于中国。"

记者介绍本书的话完了。我颇闻有人提起中山先生把人民比"阿斗"有点不舒服，这大概是他不愿意做"阿斗"，但中国弄得穷而且乱到了这个田地，人民无力起来说话，无力起来纠正，试问非十全道地的"阿斗"而何？至于处"诸葛亮"地位的人是否在那里做"诸葛亮"，那却非"阿斗"所敢知了！

六月十三日晚。

附注：人民有了选举权，可以举出相当人物充当政府官吏，执行政府职权；有了罢免权，可以停止那已经举出的官吏的职权，取消他们尚未做满的任期；这两权都是管理官吏的民权。人民所应管的除了国家官吏之外，其次的就是法律。创制权是人民有权决定有利于人民的法律交到政府去执行。复决权是人民有权修改旧的不利于人民的法律，叫政府执行修改的新法律。这两权都是管理法律的民权。

原载 1930 年 7 月 6 日《生活》周刊第 5 卷第 30 期，署名韬奋。

读《中国报学史》

　　戈公振先生所著的《中国报学史》，分我国报纸为四个时期：第一为"官报独占时期"，自汉唐以迄清末，以邸报为中心，在此时期内，因全国统一于一尊，言禁綦严，无人民论政之机会。（清末虽有外报民报，为时极短。）这样说来，在二千年以前中国就有报纸了，但在昔官报所载无非皇室动静，官吏升降，与寻常谕折，备与官看而非备与民看，实际与现代所谓报纸者迥异，故我国现代的报纸实开始于外报，有西文华文之分，乃进而为第二时期，即"外报创始时期"，此时期开始于一八一五年，距今一百十五年前。官报固无民意之可言，外人在中国办的报仅可代表外国人的意思，由我国人民所办的报纸则始于同治末年，距今五十七年前，是为第三时期，即"民报勃兴时期"。至第四时期则为"报纸营业时期"，此时期开始于民国成立以后，党争岁不绝书，凡不欲牵入政治漩涡的报纸遂渐趋向于营业方面。

　　综述起来，官报时期开始于二千年前，外报时期开始于一百十五年前，民报时期开始于五十七年前，营业时期开始于十九年前：这是我国报学史的大概。此书关于此四时期内搜得之重要报纸样张颇丰富，最饶兴趣，为此书材料最可宝贵的部分。著者对第四时期的报纸有几句很痛快的话："夫自常理言之，报纸经济不独立，则言论罕难公而无私，但近观此种商业化之报纸则不然，依违两可，毫无生气，其指导舆论之精神，殆浸失矣。"

在第三时期的报纸，有声有色的《时务报》，其主笔即梁任公先生，时梁年才二十四岁，文字已为一时传诵，《时务报》为捐款所开办，梁与数同志实参与规划，而经理汪穰卿倡言为彼所创办，梁不服，此书录有梁著《创办时务报原委记》一文，即辩此事，其中述及梁初做主笔时的吃苦况味，颇有趣味，试撮录一段如下："同人既议定此报为众人之事，不得作为一人之事，因得以公议向各同志捐助，而海内君子亦以公议之故而乐助之……今穰卿称《时务报》为彼所创办者，不知置捐款诸君于何地也？……启超自以不谙会计，惮管杂务，因与穰卿约，彼理事务兼外间应酬，而启超主报中文字……每期报中论说四千余言，归其撰述，东西各报二万余言（按指译文）归其润色；一切公牍告白等项，归其编排；全本报章，归其复校。十日一册，每册三万字。启超自撰及删改者几万字，其余亦字字经目经心，六月酷暑，洋烛皆变流质，独居一楼上，挥汗执笔，日不遑食，夜不遑息。记当时一人所任之事，自去年以来，分七八人始乃任之……"现在人提起《时务报》，都知道是当时最为有声有色的刊物，但有几个人注意到梁老先生当时"独居一楼上"的工作情形？

十九，十，五，晚十一时。

原载 1930 年 10 月 26 日《生活》周刊第 5 卷第 46 期，署名韬奋。

读《远生遗著》

距今十五年前记者还在上海南洋公学中院做学生，每天跑进阅报室的时候，心里最盼望的便是《时报》上又登出了远生的北京通讯。他的通讯之所以能特别吸动人，不是幸致的，是由于他的思想上的理解力，分析力，和文字上的组织力，能把新闻材料方面杂乱无章的谈话或议论，编成很有条理的文字，每于新闻中拾掇个人琐事，诙谐杂出，令人失笑，而绝无枯燥乏味的弊病。每遇有大事发生，他总是多方访求得许多珍闻，贡献给看报的读者，当他替《时报》作特约通讯的时代，实在是《时报》最有声有色的时代。我国新闻界出了一位这样的天才，仅自民国元年至四年的短时期中给他为社会效力的机会——这时期内是他对新闻业最有精彩的贡献——竟于民国四年被人误会而在旧金山惨遭暗杀，年才三十二岁，真为我国人才痛惜。但他究竟有此一段最努力而最有精彩的贡献，使后人有所追念，使他的天才不至完全虚掷，则尚是不幸中的幸事。能竭其天才而作最努力与最有精彩的贡献，则在其本人可谓心力已尽，无所愧怍，至于横祸之来，固有非本人所能自主而不能任咎者。

他死后由他的朋友林志钧君搜集他生前所作的文字，编成了四厚册，共数十万言，便是《远生遗著》，由商务出版。这部书的内容分四类：一部分是论说，一部分是报上发表的通讯，一部分是时评，还有一部分是杂著。我觉得其中以通讯为最有精彩，因为这原是他新闻记者的本色，原是他的特长所在。

论说一类中有题《平民之贵族奴隶之平民》一文，殊多沉痛语，兹撮录数句如下："今日中国无平民，争权利争自由者，则贵族而已矣，农工商困苦无辜，供租税以养国家者，所谓真平民也，则奴隶而已矣……大总统，革命元勋，官僚政客……此其品类不同，阶级亦异，然其享全国最高之奉，极其饮食男女之乐则一也。此等极乐世界中人，统计全国，最多不过百万，而三万万九千九百万之国民，则皆呻吟憔悴，困苦颠连……今日中国是否多数幸福？抑系少数幸福？"

远生不但眼光远，而且有胆量说话。当袁世凯炙手可热时，他在《遁甲术专门之袁总统》一文里有过这样的话："袁总统高掌远蹠，吾人诚不能尽知，但即其命令观之，则纯然满清时代之空文上谕……乃若用人之事，则大总统之条子交于各部者时有所闻。财政一项，则交通部财政部，与总统府，是一是二，何人知之？至于假公器以牢笼私人，则官制官规，束之高阁；藉特权以行肆赦，则大典大法，置之土苴。"

远生文字的特长尤在报上的通讯，试举一段为例。当民元由唐绍仪氏组阁时，他有《新政府之人材评》一篇通讯，中有一段言及当时新任交通部总长施肇基氏："交通部总长施肇基君，翻译之才特佳，以随前清监国为醇王时赴德谢罪之关系，故历资至哈尔滨道，后调入外部丞参上行走，专管中俄交涉，亦颇能勤恳无过，此次本拟为财政次长，以唐力引，遂长交通部……国务员全体到参议院宣布政见之前数日，施令路电邮航四司各拟说帖，于是四司司员之主稿者，乃一一作长篇条陈，几于应有尽有，施既不能——采用，乃撮其要，纪其事，而登场演说时，其言遂不能不涉及琐碎，如议员发电必须由议长盖印，亦为其行政方针中之一种，且言此时复向议长点首，议长无法，亦只得如礼相还，至为议场上一笑话，然此自为材地所限，不足深文也。"以"翻译之才特佳"的人物而"拟为财政次长"，复"遂长交通部"！

远生实具有文学的天才，这也是助他成为新闻界出色人物的一个要素。他因有此天才，故随笔写来，都娓娓动人，试举一二例：他在《忏悔录》一文里有这样的一段："记余为南浔公学学生时，一日大病，彻夜汗出如雨，气息仅属，以为必死，朦胧中自思死亦无恤，默想死后情形：一至明早，校中必电告吾在杭之族兄，此族兄者，寻常一官僚，对余殊无好感，然在势或不能不一来，来后检查余之书籍函牍，见余种种悖谬之文字，必深为叹息，薄葬之而去，犹将懊恼因其为我而耗此多金；余父母既早年见背，不审究竟有鬼与否，余没时年方十七，尚无妻属，闻吾死而落泪者，必亲爱吾之姑母及中表家人数辈耳，然数点眼泪数日戚戚之后，无可奈何，亦必置之……"

在同篇文中有一段写清末官僚之腐败："余……一日因官费事往谒某抚台，此抚台者遍叱骂其同僚之人，虽以余为学生，礼仪有加，而语次即谓：'今日须以能力自活，如君等者大是可贵，故余（此抚台自谓）于昨日遣子出洋，即语以此义，若如彼等（指在座之官属）之毫无能力志气，专事钻营者，虽菩萨复生，亦岂能救其苦难？'余以为受此指斥者当拂袖而起矣，不料彼等胁肩谄笑如故，退而殷勤询余以彼之大帅所以加礼于余之故。"

袁世凯想做皇帝时，极想利用远生在新闻界的信誉替他帮忙，他到了紧要关头，为争人格计，逃出北京，随即赴美游历，不料仍有人疑他袒袁，竟把他暗杀掉。其实要利用自己或他人信誉而干不正当事情的人都未免太蠢。信誉的根源是平日令人敬重的行为所构成，行为一旦破产，信誉的根源立绝，信誉也随之破产，平素敬重的人可一变而为鄙视，那得利用？故利用人者其心诚不可问，任人利用者尤愚不可及。

　　　　　　　　　　十九，十，廿三，晚十二时。

　　原载1930年11月9日《生活》周刊第5卷第48期，
　　署名韬奋。

读《锥指集》

此书为我国地质学家翁文灏先生所著，其最大优点在由专家用通俗的写法谈专门的知识，使不是专门研究该项专学的人看起来也能感觉兴味。全书二百七十四页，售价每册三元，民国十九年五月出版，北平地质图书馆发行，记者细阅一过，觉得很有价值，故已嘱本刊书报代办部接洽代售。书名《锥指》，著者在自序里述其旨趣曰："庄子云，以管窥天，以锥指地，不亦小乎？地质学以锥指地之学也，而吾之所得为尤少，以此名集亦自志其小而已。"这固然是著者的客气话，但记者以为人病万能，自以为万能者往往一无所能，我们倘能各自省察其天性与特长之所近，择最能胜任的工作而以全副精神赴之，范围愈专，贡献愈精，尽"小"何患？

此书内容共分六大部分：（一）通论，（二）地质学，（三）地震学，（四）矿床学，（五）古生物学及考古学，（六）地理学。本文为篇幅所限，仅想介绍"通论"中所述关于科学家的研究精神：

著者在《为何研究科学如何研究科学》一文里面有一段说："实用与学理二说似若反对，实非矛盾，科学目光固不能专注目前利急就之功，但因科学研究之结果，对于自然公律逐渐明白，则自然界种种势力及物类自然的容易供我们的支配与利用。设一譬喻：譬如十九世纪初英国电学名家法拉第（Faraday）等研究电学及磁学的时候，用一张厚纸，盖在磁石棒的上面，将铁屑撒在纸上，振动纸片，铁屑即排成曲线，证明磁力的方向。诸如此类，研究完全是学理的；绝未想到后来发电机由此发明，电车电灯电报都由此发生。再举一例：三年前天津曾有人为他大做百年纪念的巴斯笃（Pasteur），用很简单的试验证明空气中有微生物的种子；微生物只能因种传种，不能凭空的自然发生，亦是就事论事，谁也不想到现在医学上卫生学上种种应用，因此救了无数人的性命，延长了许多人的寿数。所以科学应用往往出于意外，现在以为有用，研究下去也许无甚结果；现在以为无用，也许研究下去，可以生出惊天动地的结果。所以研究科学的人，不管他无用有用，也不知什么叫有用，什么叫无用，但只知道我可以研究的东西拿来研究，研究的结果便是研究者最高之奖赏。莫说这种纯粹科学的精神是无用的，天下最大的善莫过于能信真理，使天下人人皆能信仰服从真理，则人类和平早已实现了。天下最大的乐莫过乎能得真理，试想科学给我们的知识，大至无外空间最大的望远镜所望不到的地方，小至原子电子顶强的显微镜所显不出的东西，我们都能推想得到，于人生的扩大有何等重要意义，也可说即此便是他的大用。"

著者在次一段接着说："但是也不能说纯粹的科学家是只知研究不管实用的。刚才所说的法拉第是一位纯粹学者，大家知道毫无可疑的，他在一八三六年曾受 Trinity House 公司的雇用，研究用弧光做照海灯的方法。他受极微的薪水，在惊风骇浪中辛苦工作，于身体康健大受损害，他从未懈怠，亦从未要想别的酬报。他在七十岁上犹自去海边看察，自谓但能使航海的减少危险，保全生命，便是自身无上的奖赏。这便是科学家的实用的精神，科学知识便是人类的照海灯，须要照得人类平安才见得他的用处！"

对人群有所贡献，这当然也是科学家的心愿，但他在研究的时候却有昔贤所谓只知耕耘不问收获的精神。有了这种精神，成固可喜，败亦不至灰心，只知道继续的努力。我以为这种精神不特宜用于研究科学，我们无论从事任何事业，苟能常以这种精神自励，不计成败，不知得失，也只知道继续的努力，什么"灰心""失望"，乃至"烦闷""怨尤"等等，都不是我们的字典里所应有的字。

十九,十二,十四。

原载 1930 年 12 月 27 日《生活》周刊第 6 卷第 3 期，署名韬奋。

读《经济侵略下之中国》

这本书是留学日本帝国大学专研经济学的漆树芬先生费了数年的研究，又费了整整两年的工夫才写成的。这本书初版虽在距今六七年前（迄今已第八版），但在现今仍有一读的价值，而且记者认为是很重要的一本佳著。著者已逝世，听说他的遗族因与出版此书的某书局发生版权纠纷问题而涉讼，致未继续出版，这是很可惜的事情，我们希望该书不久仍得重版问世。吴稚晖先生为此书所作序文，谓"近三十年关于新思潮之名著，译述者或著作者种类亦不少。然凡一编到手，读之忘寝食，一起读下，欲罢不能者，在吾经验中：第一部则为严又陵先生之《群学肄言》；过十数年，又有胡适之先生之《中国哲学史大纲》；至今又过八九年，而漆南董先生之《经济侵略下之中国》又迫我穷两日夜，一起读下，欲罢不能，此种动机何在乎？由于本书价值之高，自不待言，而简单追求其欲罢不能之原因，尚当别有浅解，则一曰闻所欲闻，一曰明白爽朗"。往往有一类新书以欧化的佶屈聱牙文字自鸣得意，使人虽硬着头皮读下去还是不懂！这本书虽有四百五十四页之多，不但条理井然，文笔亦流利可诵，"明白爽朗"，可谓切评。至于这本书的内容，著者在自序中有数语很可概括一下："以研究资本帝国主义为职志，以分析不平等条约为目的，以推论我国所受之利害关系为主意，以筹谋对付方法为归结。"

关于研究资本帝国主义者之侵略榨取方面，著者抉出他们旨在国际商场之争夺和投资地之竞争，由此进而根据事实分析研究帝国主义在我国商埠作种种侵略及利用投资以吮吸我国的膏血。他们所以有这样的向外侵略与榨取，则以在资本主义的组织内实含有极大矛盾的存在，关于这一点，著者有下面颇饶趣味的申述：

> 资本主义第一之矛盾点，即在于使用机械一事……资本家是以营利为目的，对于自己的货物，照例要赚得多大之利益，才卖出的……设如现在社会确是入于社会主义实行时代，而一切生产品皆为社会各分子所需要之生活品的时候，则其所消费量，必达于极大，在此时就安置多数之机械而为大量货物之生产，其货物亦能尽数销出，不生问题。然而在资本主义的社会之下，情形却与此大异，大概资本家皆是为贩卖赚钱才从事于生产，照他们的本意，本是在希望得多数拥有巨万之买主，无如世上这一种富豪是极占少数……然如与无产阶级做买卖之时，此无产阶级又未具有大购买力，是机械之大量生产，对于资本主义实生牴牾现象。
>
> 资本主义第二之矛盾点，即是资本主义与资本本身之冲突，因为资本家所以从事于制造之动机，就是在赚钱。如他们的钱愈赚得多的时候，这资本遂愈得集中，然此种资本之集中即不外表示此资本阶级以外多数之人之日趋贫乏，而生社会购买力减少之现象。社会购买力

如一旦减少之时，则生产即呈过剩……如照这个样儿长久不变时，则直是在自己之发动机上，由自己加了一个止动机，何异于自杀政策？

有了这两种矛盾，"一国内社会购买力既因此日渐减少，则其所生产之货物当然生过剩之现象；所集中之资本当然生停止膨胀之现象。驯至吐出无方，投下无地，资本主义根本上之危机于以毕露"，于是"向外发展，求海外市场以销货，求海外之投资地以销纳其资本"。故资本主义之必为帝国主义化，为必然之趋势。而我国乃在此情况之下，受各帝国主义的抽筋剥骨！

著者对于各帝国主义者对于我国之经济压迫，有种种事实之详晰说明，非本文的篇幅所能介绍，现仅介绍其结论："我国今日之经济，从本书看来，已受资本帝国主义层层束缚，万不能有发达之势，换言之，即我们欲使我国成为万人诅咒之资本主义国家，亦事实有不能也，遑论其他！然则欲救我中国，非从经济改造不可，而欲改造我国经济，实非抵抗帝国资本主义国家不可。""今日中国已成为国际资本阶级联合对我之局，并常唆使军阀以助长我之内乱"，著者主张"一方联合全世界无产阶级弱小民族，以抗此共同之敌"，"他方内部实行革命……协我亿众之力，出以必死奋斗之精神，建设强有力之国家，始获有济！"

原载 1932 年 6 月 25 日《生活》周刊第 7 卷第 25 期，署名韬奋。

读《图书评论》

从前在《新月》月刊的"书报春秋"一栏里，最有声有色的书评要推刘英士先生做的。他的书评有真知灼见，严厉深刻，笔锋爽利，而又常含有幽默的意味，所以令人爱阅。最近出版的《图书评论》就是这位刘先生所主编的月刊，我连看了三期，觉得精神饱满，内容精审，很有介绍的价值。

该刊的宗旨，可见于该刊"启事"中的第一条："本刊拟集全国学者之心力，从事批评介绍大中小学校所用教科书参考书地图表解等，以期提高国内新出版物之标准，而达人人皆有好书可读之目的。"

就已看过的三期说，该刊重要内容除一篇有关书报研究的"专著"外，有"书评"，是由各人分任的；有"新书鸟瞰"，几乎全是刘先生做的，可见他用力之勤；有"杂志论文分类摘要"等等。

记者对该刊要做一点小小的贡献，就是除有精彩的"批评"外，最好对于重要的各门知识的基本书报能做有系统的介绍，例如关于经济学一门，举出几种门径上必须看的基本书报（除中文外，并须兼及西文），随后每遇有关于此门的良好新书（亦须兼及西文），即随时介绍，对经济学一门如此，其他各门类推。这样一来，有志自修专门知识的人必定要把这个月刊当作一位顾问或热心指导修学的好朋友。

以刘先生的学力眼光办《图书评论》，必能为我国出版界放一异彩，我们很诚恳的希望他继续努力。

附言：记者向来不愿做应酬的文字，这篇短文也是看了内容之后出于自动做的，不过我要向刘先生有个小小的请求，就是请该刊广告部勿因有此文而将记者的名字在报上做广告材料。

原载 1932 年 11 月 19 日《生活》周刊第 7 卷第 46 期，署名韬奋。

两地书

　　我最近用了每晚十时后的三个深夜，把最新出版的一本《两地书》好像一口气地看完。（"鲁迅与景宋的通讯"，上海青光书局印行。）这是他们俩由师生而恋爱，由恋爱而"成眷属"的四五年间的你来我往的一百三十五封的信。

　　我们在这里面看得到他们流露于字里行间的深挚的情谊和幽默的情趣，就是不认识他们俩的人，看了也感觉得到他们俩的个性流露纸上。许女士写给鲁迅先生的信，其先称"先生"，既而称"先生吾师"，既而称"师"，既而称"My Dear Teacher"，最后索性称"Dear"，她的这颗心是随着这称呼的进步而一天一天进一步的献给她的他了。有一次许女士在信里说了一句"夹入我一个小鬼从中捣乱"，鲁迅的回信就说"……其实是空言，恐怕于'小鬼'也无甚益处"。随后她就索性在信末署名的地方，把"许广平"三字上的"你的学生"的字样，改为"小鬼"！书里关于诸如此类的幽默，很天真而自然的幽默，令人看着发笑的地方还不少。

　　这还是关于个人的方面，此外关于他们在社会里所遇着的黑暗或荒谬的情形，亦有深刻的描写而且也常常写得令人看了哭笑不得，我现在姑举几件事：

　　许女士乘轮船往广州去的时候，在船上同舱的有个姓梁的，

"是基督教徒"，"她有个女友，和一个男友（？）不绝的来，一方面唱圣诗，一方面又打扑克……"

她在广州女师校当训育主任时，那样一天到晚的忙，忙到夜里九时十时后才有自己的时间，繁重辛苦极了，写到同事间的倾轧讽刺，更令人感到做事不易，所住的地方尤其特别，有三个"小学教员"住在她隔壁，"总是高朋满座，即使只有三人，也还是大叫大嚷，没一时安静。更难堪的有两位自带女仆婢子，日里做事，夜间就在她们房里搭床，连饭菜也由佣人用煤油炉煮食，一小房便是一家庭，其污浊局促可想。所以我（女士自称）的房门口的过道，就成了女仆婢子们的殖民地，摆了桌子，吃饭，梳洗，桌下锅盆碗碟，堆积甚多……但我这方面总是竭力回避，关起门来……"

鲁迅先生写他在厦大任教授时所遇的种种怪现状，亦颇可发噱。他先"住在国学院的陈列所空屋里"，"去上课须走石阶九十六级，来回就是一百九十二级；喝开水也不容易……"后来搬到教员寄宿舍，"器具毫无"，办事员"故意特别刁难"，经他"大发其怒之后"，器具才有了，"还格外添了一把躺椅"！还有一段写厦大"校员恳亲会"的事情：

"昨天出了一件可笑可叹的事。下午有校员恳亲会……不料会中竟有人演说先感谢校长给我们吃点心，次说教员吃得多么好，住得多么舒服，薪水又这么多，应该大发良心，拼命做事，而校长如此体贴我们，真如父母一样……"

原载 1933 年 5 月 20 日《生活》周刊第 8 卷第 20 期，署名韬奋。

评几家书局的笔墨官司

最近有几家书局在各报上登大幅广告，因抄袭问题大打其笔墨官司，这幕武剧中已出台的要角有中华书局，开明书店，与世界书局，听说商务印书馆亦将加入，这出戏总算闹得锣鼓喧天，喊声震耳。各书局既将事实宣布于社会，或有意倾听旁观者的意见，世界书局所登《宣言》并有"请社会公评"之呼声，记者亦觉此事可给与我们多少教训，故愿以第三者中立的地位，完全根据各方所宣布的内容，略加评论，惟评论不得不有所是非，记者所敢自信者，愚见完全根据已知的事实，不对任何方面存有丝毫偏袒的私见。

此戏露脸最早的是中华书局登全幅广告悬赏二千元，说世界书局新出版的《初中本国史》里的"本国史的回顾"一节与中华书局十二年初版的《新中学初级本国史》里的"全书结论"一章十同其九，又有所附地图两种完全相同，有能证明中华该书此章或两图系翻印而来以致与世界本不谋而合者，各酬金一千元，并将该两书此段文字及附图和盘托出，以供众览。天下最不足畏的是抽象的笼统的攻击，最可畏的是有确凿的具体的事实之检举；因为前者明眼人自能辨之，后者则非有事实上的辩明，决不足以释人疑惑。我们看了中华的广告以后，觉得世界如认为它所举的事实不确，应就事实有相当的答复，乃过了几天，只见世界登着关于该局中学教科书的大广告，并加有"光华灿烂于教育界"的标题。我们看到"光华灿烂"四字，愈觉得该局对于中华所检举的事实不该含混过去！

一波未平，一波又起，开明书店又大登广告，举出事实证明世界的《标准英语读本》抄袭《开明英文读本》，世界仅请律师作笼统的警告，对开明所举事实又无只字的解释。最后乃登一大篇宣言，只对同业竞争教科书一层埋怨了一大顿，对中华开明所举事实仍无只字的驳复。

记者以为此事至少可给我们两种教训：（一）自认没有错即应对事实辩明，自知有错即应光明磊落的承认，光明磊落的改去，这是直截爽快而免自寻烦恼的途径，昔贤所谓"人谁无过，过而能改，善莫大焉"，虽是老调儿，实有玩味的价值；（二）凡事但求自己站得住，平日处处靠自己的努力，勿存坐享他人辛勤获得的事功，否则自己露了马脚，埋怨别人何益？

原载1930年9月14日《生活》周刊第5卷第40期，署名韬奋。

一位文坛老将的学习机会

谈起我国一位文坛老将，也许是大多数读者诸君所很知道的，他便是别署东亚病夫曾孟朴先生。他从前做的那部名著《孽海花》，包罗六十年来的人物，说尽社会政治的变迁，固久已脍炙人口；最近出版的经过两年精心结撰的名作——《鲁男子·第一集》——又震惊一时。这《第一集》还不过是他六部精神贯穿的一部，已有十六万言，我们但望他著全这六部书，不仅是不朽的名作，同时是惊人的巨制。曾先生除创作外，并善于翻译法文的名著，所以胡适之先生写给他论翻译的一封信里有过这几句话："……西洋文学书的翻译，此事在今日直可说是未曾开始！先生独发弘大誓愿，要翻译嚣俄的戏剧全集，此真是今日文学界的一件绝大事业，且不论成绩如何，即此弘大誓愿已足令我们一班少年人惭愧汗下，恭敬赞叹！……祝先生父子继续此盛业，发挥光大，给我们做个榜样，使我们少年人也感慨发愤，各依性之所近而力之所能勉者，努力多译一些世界名著，给国人造点救荒的粮食！"曾先生的著作我在这篇短文里不能多所介绍，只得让读者自己去欣赏，我现在所欲特别提出和诸君谈谈的，是在新出版的《胡适文存·三集》里看见曾先生答胡先生的一封信，里面说起他老先生怎样得到学习法文的机会，很有趣味，他说："我的开始学法语，是在光绪乙未年——中日战局刚了的时候——的秋天。那时张樵野在总理衙门，主张在同文馆里设一特班，专选各部院的员司，有国学根柢的，学习外国语，分了英、法、德、日四班，我恰分在法文班里……那里晓得这些中选的特班生，不是红司官，就是名下士，事情又忙，意气又盛，哪里肯低头伏案做小学生呢？每天到馆，和上衙门一样，来坐一会儿，喝一杯茶，谈谈闲天，就算敷衍了上官作育人才的盛意。弄得外国教授没有办法，独自个在讲座上每天来演一折独语剧，自管自走了。后来实在演得厌烦，索性不大来了，学生来得也参差错落了。这个特班也就无形的消灭，前后共支撑了八个月。"

"这八个月的光阴，在别人呢，我敢说一句话，完全是虚掷的，却单做成了我一个人法文的基础。我的资质是很钝的，不过自始至终，学一点是一点，没有抛弃，拼音是熟了，文法是略懂些了。于是离了师傅，硬读文法，强记字典，这种枯燥无味的工作，足足做了三年。到了第三年，居然有了一线光明了。那时在旧书店里，买得了一部阿那都尔佛朗士的《笑史》（Histoire Comique）拼命的逐字去译读，等到读完，再看别的书，就觉得容易得多了……直到戊戌变法的那年，我和江灵鹣先生在上海浪游。有一天他替谭复生先生饯行北上，请我作陪，座客中有个陈季同将军，是福建船厂学堂的老学生，精熟法国文学，他替我们介绍了……陈季同将军在法国最久，他的夫人便是法国人。他的中国旧文学也是很好，但尤其精通法国文学……我自从认识了他，天天不断的去请教，他也娓娓不倦的指示我……"

这位文坛老将学习法文的机会何等有趣！不知立志奋发有为的人，虽有机会摆在他的面前，不知用，不肯用，所以"前后共支撑了八个月"的"特班"，在曾先生是"做成了"他的"法文的基础"，在别人只落得个"虚掷"。他后来之得益于《笑史》，得益于陈季同将军，倘若不是他自己立志勤奋学习法文而随时随地留神，虽在"旧书店里"遇着了《笑史》，等于没有遇见，虽在"座客中"遇着了陈季同将军，也等于没有遇见，如同别人虽都遇着了"特班"，实等于没有遇着的一样。所以这种种在曾先生虽都是机会，在不知利用者便都不是机会。

机会似乎是一种可遇而不可求的东西，但机会实随处而是，要你自己有志愿有能力去利用它。

原载1930年9月21日《生活》周刊第5卷第41期，署名心水。

全国图书馆之激增

据中华图书馆协会最近调查所得，现有之全国图书馆共有一千四百二十八馆。民国十四年十月首次调查仅五百零二，至十七年十月调查时，三年之间增加一百四十馆，此犹不足异，自十七年至今才二年，竟骤增七百八十六馆，图书馆之增加既是国民知识增进的表现，则此种激增现象实是一件可喜的事实。二三年来内战频仍，灾患迭乘，而与国民文化有密切关系之图书馆数量犹能有如此之增加，可见国民求知心之迫切，可见一般国民知识之增进，但在此可喜之点，当然尚含有抱憾之点，即假使国事安定，民业兴荣，则民智之长足的进步，更是意中事，更不止于此。

知识增进不限于读书，而读书实为增进知识之一重要途径。昔者曾涤生在军书房中，甚至四面受敌的时候，依然抽闲读书。孙中山先生一生在忙中过去，但他却也在读书的生活中过去。他一生的生活，无论是在有职务时，或者是暂在休养时，每日一有余闲，总是手不释卷。他就是在奔走革命忙得不可开交时，总带有几本关于革命方面的最新出版物，时常仔细研究，就是在火线上督战，也带有许多书籍杂志，军事上工作一停，便把书本拿到手里来，从容不迫的看下去。他所著的《三民主义》和《建国方略》等书，参考西籍数百种，都是在百忙中阅读的。

友人李公朴君出国两年，我最近问他何所得，他说不过学得读书的习惯，懂得如何读书，我觉此语很有意味。我国往昔把人民分为士农工商，读书好像是士的专利，农工商就好像无须读书。现在的世界潮流是无论你往那条路走，都有读书的必要。但晚近我国虽有新式的学校，大家好像仅把读书的事看作校内的事情，毕了业做了事便从不想看书，他们对于新出的好书好报是永远风马牛不相及的，所以往往年未老而思想已老，身未朽而思想已朽，因为他口粮虽未绝，脑粮已绝！现在图书馆竟能激增，这种毛病也许已减少了一部分，这是值得表而出之的一件事。

原载 1930 年 12 月 7 日《生活》周刊第 5 卷第 52 期，署名韬奋。

略谈读书的方法

一

自从苏联一个又一个的五年经济计划实行奏效之后，经济学家都喜谈"计划经济"，其实不但经济应有计划，就是读书也应该首先有一个计划。有些人读书没有一定的目的，今天随便拿一本看看，过几天又随便拿一本看看，这样读书，虽不能说他在知识上不是没有一些进步（这当然是指内容正确的书），但是"无政府状态"的读书，收效究竟是很少的。所以我们读书应该首先有一个计划。

读书要有一个计划，必先决定自己所要研究的科目或中心问题。在学校里读书，学校里有着一定的课程，这课程便是学校替学生规定好的读书计划，你决定要读那一科，便须依照那一科的课程读去。这种读书计划比较的呆板，不能随着个人的选择而随便更动的。但在外国大学院的研究，便比较有伸缩性，要由选定了科目或中心问题的学生，和他们研究的科目或中心问题有关的教授，共同商定读书的计划。在这个计划里，依所商定的时间（一年或二年），根据所欲研究的中心问题，把必须读的书和必须参考的书列举出来，在列举之中把各书的先后和研究的门径与方法都有系统地规定好。整个计划规定之后，学生便依据这个计划，在这位教授经常指导之下，研究下去。这种教授大概都是与某科或某中心问题有关系的专家乃至权威，他对于这一科或这一中心问题，当然彻底知道研究的方法和阅读的门径，对于学者是很有帮助的。学者在这样有计划的指导下，如真能切实研究下去，到了相当的时期，他对于这一科或这一中心问题的学问，可以得到完备的基础，如有志再深造，可作进一步的计划，根据第一个计划作进一步的研究。

我在英伦求学的时候，看到有好些中国的朋友不愿意读学位，认为学位头衔是没有什么意思的，但是遇着他们自己没有一定的读书计划时，我还是劝他们选读一个学位，因为要是选读一个学位，必须经过上面所说的手续，即必须选定一个中心问题，和一个有关系的教授共同商定一个读书计划，多少可以得到有系统的益处，比之没有计划的胡乱阅读有益得多。

以上所谈的虽然是偏于叙述外国大学院里的研究情形，但记者的意思当然不是说读书的人非到外国大学院里去不可，只是要介绍这种有计划的读书的原则，以备有志读书者的参考。

我特别声明，这种有计划读书的原则，在校外自修的人也可以采用的。

此外再举一个例子谈谈。在伦敦的英国博物馆的图书室里，对于每一专学的部门都有很明白的重要著作书目，可供读者随意查阅，非常便利。西文书籍还有一个优点，就是在一书后面，常有很有系统的参考书的介绍，尤其详细的是在书末对于书内每一章的课题都有书目的介绍，这书目的介绍不仅是随便撮举几本为著者所看到的，却是就每一章的课题范围，举出关于研究这个课题所必须看的重要参考书，而且把这些参考书依着程度深浅而排列着。这样的参考书介绍，于读者有极大的帮助，由于名著者或权威所指示的这种参考书介绍，差不多就可以等于该部门专学的读书计划。读者依着这个介绍，在图书馆里简直好像是在掘金矿似的，越"掘"越有趣味。这种办法虽不是在学校里有名师共同商定之读书计划，因为是由于自己努力"掘"出来的，可是有名作家对于某种专学的参考书作有系统的介绍，在原则上也就等于有人领导，至少是读者自己有方法找到名作者的领导。我深深地感到图书馆里的良好的书目分类及著者在书末的有系统的参考书介绍，是帮助我们造成读书计划的最好的工具。在中国，图书馆的设备实在太少而又太贫乏，关于专学的著作，对于参考书作有系统的介绍也不多见，这是使读书的人受到很大的妨碍或不便。我们在这两方面都应该特别努力。

这当然也不是说在现状下我们就绝对不可能有读书计划。我们还是可以尽可能地替自己定下一个读书计划。首先我们要决定那一部门的学问，或那一个中心问题，然后根据这个对象，就现在可能得到的书，由浅而深，分成几个研究的阶段，按着规定的时间，有计划地读下去，即不能有三年五年的计划，至少应有一年半载的计划。在这一年半载中，随时随地注意关于这一部门或中心问题的材料。除必要的有关的书籍外，如有充分的时间，其他方面的书报也尽可以看，但却以能够包围着这个中心问题为前提，而不是心目中毫无对象的乱看。这样有计划的读书，才有较大的收获。

二

对于任何部门的学问，如有意深造，最好能学得阅读一种外国文的能力。只能阅读本国文的人，关于外国的名著，当然也有译本可看，但是在我国译述的缓慢，以及正确译本的不易多得，阅读外国文的能力仍然是很重要的。就是在欧美各国，有志研究较深学问的人，对于一种或二种外国文的阅读能力也是很注重的。例如英国的专科学生，大学教授，大都能够阅读法文或德文的书籍，苏联是大众对于学习最热烈的国家，你在他们的青年学生里面，在他们的学者里面，乃至男女工人里面，随时随地可以发现他们有的能读德文，有的能读法文，有的能读英文。这是因为学术是没有国界的，学习狂愈高，外国文的阅读能力愈有迫切的需要。

能读一种外国文的人，读原文的社会科学的书，比读译文舒服得多迅速得多，也就是可以使读书的效率增加得多。正确的译本不易得，尤其是较深的书，常常易被译者译得"走样"，所以我甚至于感觉到仅能看译本的人看得很多之后，把许多"走样"的知识装满了一脑袋，在思想上也许不免要含有多少危机！所以我要奉劝真有志读书的青年朋友，最好能够学习阅读一种外国文的能力。这并不是一件很难的事情，学习读外国文，只须读得得法，一二年至二三年的努力是可以达到目的的。在我所认识的朋友，就有不少是自修（开始当然需要人教，但不一定要入学校）外国文而能够阅读外国文书报的。为着自己在学识上的深造起见，这种能力实在值得我们来培养。

原载 1939 年 2 月 1 日重庆《读书月报》第 1 卷第 1 期，署名韬奋。

学习与读书

本港程明先生：

（一）学习的根据有二种：一种是根据你在工作上的需要，选习在这方面所需要的知识；还有一种是根据你自己所爱好的科目或所爱好研究的问题，就这方面的范围，搜集研究的材料。

（二）你为你们的厂里的一个团体所出的月刊的干事，感到材料缺乏，又不知用什么做主要材料。这要看这个月刊的宗旨，根据宗旨选用主要的材料。如果这个月刊是为促进同人修养而存在的，便可从同人修养上的有益材料着手。如果这个月刊是为着增加同人技能而存在的，你可从同人工作上所需要的实际材料着手。稿件缺乏，最好设法鼓励厂内同人投稿，或在同人中选得若干比较对此事有兴趣而又比较善于写作的人，组成编辑委员会，按期分配稿件，比一个人独撑，也许较有办法。此外如需要厂外的投稿，你也可以就友人中留意可以帮忙写作的人，加以特约。

（三）你的书架上已放满了书，不知从那篇着手看起，大有鱼与熊掌排列满前而不知从何着筷之感。这问题比较容易解决，要用一双筷子同时夹鱼与熊掌，很困难，不妨先吃鱼而后吃熊掌，或先吃熊掌而后吃鱼，孟老夫子对于鱼与熊掌所以感到困难，是二者不可得兼，顾此失彼，你既得兼，只是先后问题，选你最喜欢吃的先吃就行。倘若你都一样地喜吃，也可以随便先吃任何一样，反正你都可以吃到的，略有先后，并不妨事。

原载 1941 年 10 月 4 日香港《大众生活》新 21 号，署名韬。

初中学生怎样读书

菲律宾许初愿、许符诗、程龙狮、龚思静诸先生：

你们想在校里组织读书会，同时每个人也经常阅读课外各种进步的书籍，询问我们读书的方法。读书会的组织比较简单，办法却须根据实际需要，须以能使参加的同学都能得到实际的益处为前提。我们想，依你们的情形，关于书报方面的种类，大概可分为三大类：一类是课程以内的书；一类是与课程有关的参考书；还有一类是与知识有关而与课程不一定有直接关系的书。第一类是你们所读的教科书或听讲笔记；在你们出了课堂之外，也许仍然有一部分不大清楚，那末可请会员（指读书会）中比较高明的，就所提出的疑问，解释给大家听；或由大家就所提出的疑问加以讨论，得到明确的结论；如经过大家讨论仍得不到要领，可推出代表去询问有关的教师。这种有关课程内容的释疑解惑，可以协助同学的研究，解决他们的困难，必为同学所欢迎。

第二类是与课程有关的参考书，教科书的内容总是有限的，仅仅看了教科书的材料，对于所研究的课题，也许还未能十分清楚或充分，如能根据重要科目的需要，搜集补充的材料，在读书会中提出研究，对于同学的知识，必有很大的裨益。

第三类是与知识有关而与课程不一定有直接关系的书。前两类的书可以根据你们校里课程的内容，加以酌定，第三类的书却须另有根据。大概说来，一须根据你们会员的一般的兴趣；二须根据你们会员一般的知识水准（即容纳的力量）；三须根据配合当前时代的需要。由这三点的考虑，决定你们每时期内所要研究的部门。例如国际问题（这里面还可以分门别类），民主运动问题（这里面也有种种问题可以分成研究的部门），或其他大家喜欢研究，能够研究，以及和时代不是不相干的知识。你们都在初中求学，在开始时最好不要选阅艰深的书，免把同学吓退，或至少要减少他们的兴趣。

以上三类书的多寡分配，都须根据你们实际的需要（可由集体讨论决定）。倘若你们觉得大家对于课程内的书已懂得清楚，无须多费时间，第一类的书便可取消（即不必在读书会中再加解释或讨论），由此可以多费一些时间于第二类及第三类的书。假使课外的时间很有限，仍难于兼顾，那末第二类及第三类的书也没有同时都有的必要，可先选定其中的一类，着手进行。

决定了书的种类之后，其次是决定适当的书本或杂志，再次决定如何分配阅读，例如第一次约定各人读某书的第一章，指定开会时何人提出大概的报告，再由各人提出问题来讨论，由主席归纳成结论（开会时当然亦须有主席，临时公推，或依次轮流，或固定推好的干事之类，都可以斟酌情形办理）。如校中有良师，可以酌请他做顾问，关于选择书本或其他有关研究的问题，可以得到他的指教。倘有特殊问题需要他出席时，偶尔也可以请请他。此外，如校外有你们所敬重的学者，也可以每隔几时请一位来谈谈，把你们平日所怀疑而不能充分解释的问题，汇集起来请他"扫荡"一番。

读书方法，各部门有各部门应注意之点，非简复所能尽，上面不过揣想你们开办读书会时的需要，略作贡献，以后如有具体的困难问题，尽量写信来，我们当尽所知奉告。有必要时，我们也可以代为请教专家解答。

原载 1941 年 11 月 8 日香港《大众生活》新 26 号，署名韬。

第四辑　新闻与出版

做了五十七年的主笔

谈起英国的新闻界，我国人大概都知道有一位北岩爵士（Lord Northcliff）。（曾经到过中国，已于一九二二年逝世。）但是除他之外，还有一位史阁德（C.P.Scott），做了五十七年的主笔，最近才因老自行告退的，也是国际闻名，英国新闻界的一个权威。他毕业于牛津大学，从二十五岁起，就主持最初规模极小而现在成为英国最有名的一家日报，名《曼彻斯特护报》（"The Manchester Guardian"），做到今年九十二岁，才因老告退，将做美国壮游。别的不说，单说专心于一种事业而乐此不疲至五十七年之久，在年数上也很可观了。用这种坚毅持续的精神始终不懈的干，怪不得他能把一张本来没没无闻的小小日报，现在成为英国最有力的一种舆论机关。

他的政见也许有人不能完全赞同，但他每遇国家大事，无不本所研究，用鲜明的言辞，公正的态度，勇敢的精神，公诸国人以供参考，他的诚意虽政敌也深信而不疑。他对于所抱信条彻底奋斗，百折不回，虽屡次受挫而终于再接再厉，绝对不为失败所馁。当乔治任英国首相时，虽为史氏至友，但史氏因对爱尔兰问题主持公道，攻击内阁不遗余力，丝毫不肯以私谊而有所犹豫，丝毫不肯以私谊而作违心之论。世有虽居主持舆论地位而每日仅在评坛上做几句不关痛痒的格言式的评论，使人看了但觉暮气沈沈，摸不着他的头脑，那就是办了几百年，也未见得与社会国家有多大益处，不要说什么五十七年！所以我们谈起史氏，不但注意他在一业专心致志干了五十七年的年数，并要注意他在此五十七年中的勇敢坚毅不屈不挠为所抱信条为社会福利而奋斗的精神，不是唯唯诺诺毫无建树做了五十七年的饭桶就有什么价值可言。

话又要分两面说，在服务者方面诚然贵有乐业的精神——没有乐业的精神决不能持久而不生厌倦——而在用人者方面则亦须顾到服务者之相当生计而勿令其心为家累所牵扰。我国在事业上努力肯数十年如一日者诚不多见，而在用人者方面似亦不提倡服务者之能久于其事，至少他们对于服务年数之增加并不觉得有何可贵。所以西洋各国对于任事愈久者，待遇上亦特别优渥，而我国则往往任事十年二十年，而所入仍是依然戋戋，随你借债弥补，困苦老死，在用人者漠不动心，其刻薄寡恩，每每令人心寒，在此种冷酷的环境之下，大多数人之兴趣索然，亦固其所。有某先生在上海最有历史的国立某大学担任过二十年的国文教授，上星期不幸逝世，家贫至无以为殓，横尸数日，最后才由二三老学生凑款草草了事，这是记者最近目击的一幕惨剧。史阁德告老后尚有力做美国壮游，这位某先生逝世时连送死衣棺犹不可得；五十七年固久，二十年亦不为短，但在我国便似乎不算得什么一回事！

原载1929年12月29日《生活》周刊第5卷第5期，署名落霞。

可以不必做的文章

上海的新闻事业比之欧美乃至东邻的新闻事业虽不免瞠乎其后，但在本国总可算是首屈一指，故上海报纸所发表的言论，常为全国人所注意，而国人对于上海报纸上言论之属望乃愈益殷切。不但如此，上海为中外人荟萃之地，中外意见之纠纷，国际问题之复杂，殊为他处所不及，故上海报纸所发表的言论不但为本国人所注意，亦为外人之欲探悉中国人舆论之趋势者所注意。由此足见上海报纸在言论方面责任之重大，不应常以不关痛痒的文章敷衍篇幅。此种责任以销数特别发达的日报为尤重大，因为他所能达到的读者既多，其言论的效力当然更为宏大。但就实际情形观察，还是在营业上不甚发达的日报常能说出几句切中时弊的话，而营业比较发达的日报则反而令人失望。例如在上海日报中以销数最多著闻的《新闻报》，便常犯这个毛病，试举一例以资讨论，该报四月十九日有"新评"一篇，题为《英埃谈判》，全文如左：

> 英埃谈判现已停顿，吾人但闻其言有难题，而内容如何，则局中人相戒不言，是以无从知其原委，惟知其所争者为苏丹问题耳。
>
> 英埃争执之详虽不得知，但观埃及代表发表之公

报，谓彼等关于苏丹问题之提案至为温和，不意仍难通过，于是意中以为已经成立之协定，遂至停搁，寥寥数语颇耐人寻味也。

英埃谈判初开时，气象颇佳，良以工党内阁之主张向近于和平，其应付埃及之态度，屡为保守党所抨击，谓其损失英之权利，是以世人观察此事者以为进行必可顺利，孰意其仍不免隔阂，可知强者自利之心无论如何终不能免，一方以为已极尽谦之能事者，去正义与公道殆仍甚远，盖习非成是之风已久，断非一朝一夕所能挽回也。

我觉得读完了这篇"寥寥数语"的"新评"，虽加以"寻味"，对于"英埃谈判"这个问题还是莫名其妙。作者在第一段里告诉我们说英埃谈判的内容是"无从知其原委"的，在第二段里又告诉我们说此事内容"不得知"，老实说一句，我们做读者的人对于此事的内容不知道，执笔批评此事的人对于此事的内容也是不知道的。到了第三段，作者便根据"无从知其原委"与"不得知"的此事内容，慨然断道："习非成是之风已久，断非一朝一夕所能挽回也！"

我们在未读这篇"新评"以前，不过知道英埃谈判停顿；读了这篇"新评"之后，所知道的还不过是英埃谈判停顿！作者不知道此事内容，我们不能怪他，不过不知道一事之内容而却提起笔来批评此事给我们看，似乎不能不有一些诧异！

报纸的评论一方面是代表舆论的，一方面是指导民意的，至少也要给与读者对某问题获得多少知识或卓见，难道国内就没有需要评论的具体问题，有关本国的国际方面也没有需要评论的具体问题，却拣一件内容"无从知其原委"与"不得知"的别国问题来作使人难于"寻味"的"寥寥数语"！

我常觉得有许多人立于可为的地位，对于国家社会可有较大贡献的地位，却辜负了那个地位，未免可惜，对于《新闻报》的"新评"与和《新闻报》"新评"相类的《申报时评》（稍为比"寥寥数语"长些好些）也常有这同样的感觉。这不仅是记者一人的私言，就平日见闻所及，似乎是社会上一般人的意见，所以我敢说这篇出于善意的批评可以算是"舆论的舆论"，想主持舆论的大主笔先生见了不至吹着胡子勃然大怒吧？

原载 1930 年 5 月 4 日《生活》周刊第 5 卷第 21 期，署名编者。

从言论到实际

您的信已收到，在您的意思，以为言论亦有"贡献与需要"之处，此种功能，固有相当地位；不过据我思量，要唤起多数民众共同奋斗，非筹划更有效的更实际的方法不可。否则恐怕依旧还是空想，还是一盘散沙。我们这般因循等待着，不知道帝国主义者能否准许我们从容的计划？况且近来天灾人祸种种加紧地压迫，也使我们不能安然研究。咳！"日月逝矣，岁不我与。"

我是最爱和平最爱清静的人，素来抱着"得过且过"的浅见；然而被那万恶的军阀与助桀为虐的贪污土劣一天比一天加紧地榨取压迫着，使我不能苟且偷安！使我暂能维持的现状也渐渐的支持不住了！因而联想到与我同样受压迫或所受压迫更重的人，很多很多。因而又联想到民众应团结起来改善现制度，但是谁来领导我们呢？谁能从言论上走到实际上来帮助我们解除被压迫的痛苦呢？

……

潘机先

按：潘先生以仅有言论为不满，记者固表同情，因为记者自己也常觉空言无补时艰，常以自己没有实际的贡献为大憾。固然，言论界有言论界的相当功能，言论刊物上所建议的方策有种种方面，乃供有实力或相当地位者的采行或参考，倘建议什么就须自己做什么，那各国报馆都须"一身而百工为之备"，失其所谓报馆的天职和本位了。不过在政治上轨道的国家，反映于舆论的民众意见，常为当局所虚心容纳，措诸实行，所以有人论现代政治，谓君权政治蜕化演进为议会政治，议会政治复蜕化演进为舆论政治，其意即政治设施须视舆论为转移，视言论为具有无上的权威。但这是在政治上了轨道的现象之下的情形。在政治未上轨道的国家里。言论虽亦有其相当的功能，但可以说是微乎其微，于是乎使人觉得"实际"的功能比"言论"的功能大得多，使人觉得仅有言论之为不满。潘先生的感觉，大概是发动在这一点吧。所以记者一方面承认"言论"本身未尝没有它独立存在的价值，一方面对于潘先生的感慨也不禁发生很深切的同情。

　　不过办报只须有个人负责主持，便可以办起来，讲到领导民众共同奋斗，便非有大团结做中心不可，不是任何个人所能办得了的。讲到这一点，胡适之先生最近在《独立评论》（第十八号）里有一篇《惨痛的回忆与反省》，有几句话颇足供我们讨论上的参考。他也痛慨于"……我们有一层很重大的困难，使一切疗治的工作都无从下手。这个大困难就是我们的社会没有中心，就像一个身体没有一个神经中枢，医头医脚好像都搔不着真正的痛痒"。他认为"这个可以用人工建立的社会中心"，必须具有这些条件：

　　"第一，必不是任何个人，而是一个大的团结。

　　"第二，必不是一个阶级，而是拥有各种社会阶级的同情的团体。

"第三，必须能吸收容纳国中的优秀人才。

"第四，必须有一个能号召全国多数人民的感情与意志的大目标；他的目标必须是全国的福利。

"第五，必须有事功上的成绩使人民信任。

"第六，必须有制度化的组织使他可以有持续性。"

胡先生说完这几个"条件"之后，接着说道："……凡是自命为一个阶级谋特殊利益的，固然不够作社会的新重心；凡是把一党的私利放在国家的福利之上的，也不够资格。至于那些拥护私人作老板的利害结合，更不消说了。"胡先生的意思，记者大体都表同意，不过有一点颇有研究之余地的，便是他一方面说这个团结的"目标必须是全国的福利"，一方面说这个团结是"拥有各种社会阶级的同情的团体"，在表面上看来，这两方面似乎是一致的，在实际上，如要顾到"各种社会阶级的同情"，势必做不到"全国的福利"。何以故呢？中国的劳苦大众受封建军阀，地主，豪绅，资产阶级的榨取剥削，这是事实。这一切剥削与寄生者，正是"全国的福利"的障碍物，为欲达到"全国的福利"所不得不扫除的对象。如今胡先生所称的"团结"须"拥有各种社会阶级的同情"，倘若封建军阀，地主，豪绅，资产阶级都包括在内，而且还要"拥有"他们的"同情"，那便是和反革命的势力妥协，甚至自身转到反革命的地位，和工农大众立于敌对的地位，在表面上尽管堂而皇之的说"目标必须是全国的福利"，在实际上仅做拥护少数占有特殊权利的剥削自肥的寄生者，因为既须顾到少数剥削者的"同情"，势不得不抛弃多数被剥削者的"同情"，这两方面是无法两全的。记者的愚见，以为中国所需要的"团结"决不是和反革命势力妥协的团体，是需要站在生产者的主要部队（工农大众）的立场而奋斗的团体。有志加入这种"团结"以改造中国自任的青年，必须以能克服特权阶级的意识与其享用的生活而为工农大众的利益奋斗为必要的条件，必须能把中国大多数被压迫被榨取的劳苦大众的问题解决，把目前一切残酷不合理的制度改变，使各人都过着合理的生活，然后中国问题才能求得真正的解决。负荷这种重大的责任，诚非胡先生所谓"一个大的团结"不可，但这个"大的团结"必须以劳苦大众的利益为立场，决不能"拥有各种社会阶级的同情"。所谓"国中的优秀人才"，亦必须抛弃特权阶级的意识与享受，不畏艰苦的同往这条路上迈进——为工农大众的利益而奋斗。这种"社会重心"的出现和中华民族的前途当然有极密切的关系——但非有"大的团结"做中心不可，不是任何个人所能办得了的。

原载 1932 年 10 月 15 日《生活》周刊第 7 卷第 41 期，按语署名编者。

大报和小报

近来"小型报纸"盛极一时，推想原因，最主要的是由于所谓大报的一天一天地在堕落。于是小报应实际的要求而大报化，结果小报有进步而大报反而退步。

在大报上，很难找到中肯的评论和重要的消息——倘若不说完全没有的话。现在读者的知识和眼光实较前大有进步，不痛不痒的敷衍的话语，编辑杂乱内容空虚的新闻，已不能满足读者的希望了。报纸究竟是社会上推动文化的事业，虽为维持经济的自立生存，不得不有广告上的相当收入——至少在现在的社会里——但我国的大报过于营业化，却是一件无可为讳的事实，简直是广告报！报价并不因广告之多而特别减低，国民的购买力既每况愈下，费了许多钱买着一大堆广告报，反而不及费较低的价钱买一份小型报纸看看。尤其可怪的是竟将特刊的地位当广告卖，大发行其"淋病专号"，满纸"包茎之害"，"淋病自疗速愈法"，替"包茎专家"大做广告，替"花柳病专家"大吹牛，"一经着手，无不病根悉除"，"方法之新颖，手段之老到，可谓无出其右"，于每篇文字下面还要用"编者按"的字样，大为江湖医生推广营业，好像报馆所要的就只是钱，别的都可不负责任。在这方面真打破了各国报纸的新纪录！为全世界著名报纸所不及！关于评论和新闻方面，也许还有一部分可推在环境的压迫上面，但是大出其"淋病专号"的盛举，却不能说是受着那一方面的压迫了。

关于社会新闻，有一个时期最热闹的是集中于"美人鱼"，最近又转着视线到"胡蝶结婚"了。尤其是附刊的文字，更是无微不至。提倡体育和艺术，重视运动家和艺人，原是好事情，但是注意点另有所在，却又是另一回事了。因为是女性的关系，虽和别的男选手一样的是运动家，却特别注意到她几时睡觉，睡时又怎样；一个艺人结婚，也因为是女性的关系，却特别注意到是否为她的"肚皮"所促成！这不是敬重运动家和艺人，却是大大地侮辱了运动家和艺人了。我们如真是敬重运动家和艺人，看了这样的侮辱，只有感觉到愤怒，不平！这当然也有社会的背景，因为这是没落的布尔乔亚的无聊的低级趣味的表现！

小型报纸虽还未能尽满人意，但较所谓大报和在从前专门谈风月的小报，却有很显著的进步。例如注重白话文的运用，新闻材料的重新改写（撮取精要，扫除渣滓），有的更注意于政治经济和文化方面的消息和讨论。

但是缺点也还是有的。有的还不免上面所说的低级趣味的弊病，有的甚至凭空捏造，毁谤诬蔑，把新闻记者的道德完全丧失。目前一部分"小型"依然保持着这种恶劣习性，实无可讳言。我们为着中国文化的前途着想，当然很诚恳地希望这类缺点的消除。

原载 1935 年 11 月 16 日《大众生活》创刊号，未署名。

新闻记者活动的正确动机

我是在小学时代就认定了以新闻记者做我的终身事业的，我怎样跑进了这个队伍里面来，以及种种辛酸苦辣的经过，在我所著的《经历》一书里面已原原本本地"招供"了，在这里似乎用不着再噜苏，免得过分糟塌读者诸友的时间。而且我虽加入这个队伍里干了十几年，可是并说不上有什么重大的贡献，所以常常感觉惭愧，也没有什么可说。但是依我十几年来在这个队伍里摇旗呐喊的经验，以及冷眼旁观这队伍里其他"同道"的经历或变化，深刻地感觉到做新闻记者最应该有的是活动力，尤其应该有的是活动的正确动机。

什么是活动力？这个名词似乎太抽象，但是我觉得这个名词的含义有许多妙处。就新闻记者的立场看来，所谓活动力是不怕麻烦的研究，不怕艰苦的搜索，有时也包括不怕艰险的奔波。新闻记者的思想和行动是要立在时代的最前线的，所以对于知识的补充和当前切要问题的内容，都须有继续不断的研究和探讨的。至于搜索材料和奔波采访，那也是新闻记者的分内事，可是非有坚忍耐烦勇往直前的精神不办。

在日本办《新民丛报》和《国风报》时代的梁任公先生当时他对国事主张的得当与否固为另一件事，但是他当时的研究勤奋，笔锋锐利，眼光四射，左右逢源，每有主张，风动全国，他的那种活动力，确可算是一个新闻记者的风范。

又例如替以前的《上海时报》担任驻京（当时的北京）特约通讯的远生先生（即黄远庸先生），每逢有重要事故，他总能千方百计从最重要的来源，用最迅速的手段，探得最重要的新闻材料，写成有声有色亦庄亦谐的通讯，供给读者，当时他在探采新闻的活动力方面，是最足令人兴奋的一件事。

外国的新闻记者如 Walter Durenty，他在美国已成为苏联研究的权威，你如看到他所著的几本名著，在那里面看到他冒万险采取新闻材料的种种有趣故事，乃至断了他的一条腿还是干着他的新闻事业！还是津津有味勇气百倍干着他的新闻事业！那种活动力是够令人惊喜的。最近在中国最能引起敬重的外国记者 EdgarSnow 即在西安事变以前冒险深入陕北视察的美国记者，你如看到他所著的几本名著，看到他在赴陕北途中吃苦的趣事，也足可看出他的活动力！

"不入虎穴，焉得虎子？"新闻记者就要有入虎穴得虎子的魄力和勇气！这至少是新闻记者活动力的一种表现。

但是新闻记者的活动，尤其重要的是要有正确的动机；再说得具体些，便是要为社会大众的福利而活动，不要为自己的私图而活动。我常和长江先生谈起："我所敬重的朋友都是有事业的兴趣而没有个人的野心。"有事业的兴趣才会埋头苦干而仍津津有味，乐此不疲；没有个人的野心才不至利用从事业上所得到的社会的信用做自己升官发财乃至种种私图的阶石。我也许还要补充一句，对事业所以有兴趣，一方面固然是适合于自己的性格与特长，是自己所喜欢干的事情，在另一方面也是对于社会大众的福利有着或多或少的裨益。

我十几年来所常以自勉的是要做个有益大众不为私图的新闻记者，我现在以及将来的志愿还是如此。我并且深信在民族解放的抗战与建国的大时代中，新闻记者有着他的重要的任务，我要终我之身守着这个岗位，和同志们望着光明的前途共同努力。

廿七，三，廿二。汉口。

原载 1938 年 4 月 1 日汉口《新闻记者》月刊创刊号，署名韬奋。

欢迎战地记者徐州归来

在徐州前线英勇工作的战地新闻记者，直至最危急的时候才突破敌围，有一部分已于本月二十六晚安抵汉口，计有中央社记者胡定芬，《中央日报》记者陈振纲，《扫荡报》记者张剑心，《大公报》记者范长江、高元礼及《新华日报》记者陆诒诸先生等十余人。目前尚未判明是否已脱险者有塔斯社记者谷里宾司基等二人及该社翻译张郁廉女士，中央社记者丁继旭、李丕祖、韩云浦，武汉日报社记者房沧浪，新加坡《星中日报》记者胡守愚，《动员日报》记者汪豪、洪雪村诸先生等十余人。我们对于行踪尚未明瞭的十余位战地记者，备极关怀，希望他们都能安然归来，同时对于已得安然归来的诸位战地记者，于欣慰之余，谨致诚恳的慰问与敬礼。

在中国抗战御侮的今日，最高的崇敬当归于不顾个人牺牲为国奋斗的民族战士，最可崇拜的道德当属于不顾个人牺牲为国努力的辛勤工作。战地记者虽不是在前线直接参加作战，但是在前线冒万险，把我们将士的英勇作战的可歌可泣的行动，宣传于全国的民众，鼓励前方将士的再接再厉，鼓励后方民众的热烈赞助，增强抗战力量，对于民族解放战争有着很大的贡献，所以在我国这次神圣战争中的战地记者，不仅是战地记者而已，其实也就是民族战士的一员。这是我们所以热烈欢迎诸位先生的最重要的原因之一。

现在没有人否认，战事的胜利虽表现在最前线，而抗战力量的加强与补充却要靠全国动员。但是全国动员并不是一个空洞的名词，所谓全国动员，必须全国各部门的工作都在实际上动员起来，各就各的岗位做最大的努力与最大的贡献。新闻业是战时文化的一个重要部门，而担负战地记者重任的诸先生是新闻业动员的先锋队，这次由徐州归来的诸先生，以最英勇的姿态努力于自己岗位的工作，奋斗到最后一分钟，在敌人围困中，冒万险突出重围，长江先生且"带彩"归来，这在诸位先生不但做了新闻业这一部门的模范，而且也做了其他部门的模范，因为其他部门也应该用同样的英勇精神动员起来。这是我们所以热烈欢迎诸位先生的又一重要原因。

在已往新闻业往往互相倾轧，于是各报的记者往往不免互相猜忌，互相妒嫉，互相竞争，——甚至用很卑劣的手段互相竞争。但是在这次徐州前线为国努力的各报记者，都是在互相协助，互相敬爱，互相维护的情况中，共同努力，这可以说是我国团结御侮的一个极可宝贵的象征。我们希望这种精神能普遍于全国。这是我们所以热烈欢迎诸位先生的又一重要原因。

最后据这次由徐州前线回来的几位记者朋友说起，外国记者在徐州前线不畏艰苦的努力情形，也很值得我们的钦佩。其中有纽西兰女作家威尔金生女士也在前线，她不懂中国话，不熟悉中国情形，却也在前线努力；前线将士很受到她的感动，因为她为着同情中国抗战，要把中国英勇抗战的事实公诸世界，竟完全忘却了她自身的安危，这是人类中多么伟大的精神！这给与我们多么大的兴奋！

原载1938年5月29日汉口《抗战》三日刊第76号，署名韬奋。

全民抗战的使命

全面全民族抗战已经一周年了，在此伟大的抗战一周年纪念日，《抗战》三日刊及《全民》周刊，为了充实力量，对抗战做更大的贡献起见，以联合的阵容，与全国同胞相见，同人实感觉无限的感奋及欣幸。

《抗战》《全民》都是诞生于这争取民族生存独立的伟大的战斗中。《抗战》是于沪战揭幕后，在上海创刊的，《全民》是于第二期抗战开始时在汉口创刊的。两刊的同人都以极大的热情，固守文化的岗位，作为一个鼓动前进的小小号兵；以号召全民族的儿女支持抗战，参加抗战，为自己特殊的职责。发刊以来，我们尽自己的努力，并得全国读者的爱护与作家的合作，使我们这两枝号角的声音，一天天扩大，一天天变得更加宏亮，《抗战》，《全民》曾分布达各省区，前线，以及海外，它们俩在这一年光荣的民族斗争中，曾尽了一些绵力。

然而民族解放大怒潮方在增涨中，全面全民族的抗战当前正进入第三时期，壮烈残酷的战斗正展开在我们的面前，发动全中国广大的民众支持当前战争，参加到战争中来，更是迫切的任务，因此舆论在这时期的作用更增大了重要性。我们自己亦感到我们身上的责任也一天天加重。

因此，我们感到我们这两枝号角分散的声音还不够宏亮，我们这两队号手，各个的力量还不够强大，为了配合新的抗战形势，集中人力物力的原则，我们深觉这两个抗战的单位应该并成一个。因此，我们遂于这伟大的抗战周年纪念之际，将两个刊物实行合并，合组全民抗战社，发刊《全民抗战》三日刊。我们决定在集中双方的力量，发挥双方的特点，补足双方过去的不够的原则下，以统一的意志，从事更大的努力，力求我们今后对于全民动员的号召与教育上更多的尽力。

同时，我们甚愿在本刊第一次与国人相见之时，顺便报告本刊今后努力的鹄的和自己的期望。

我们的信念与认识，在《抗战》，《全民》上已有明确的表现，当前并无丝毫的改变，这用不着在这里多说，至于本刊在抗战建国总的任务下，当前实践的任务，我们认为有两个：一是巩固全国团结，提高民族意识，灌输抗战知识，传达，解释政府的国策，剖析国内政治，军事，经济，文化以及国际之情势，为教育宣传的任务。

另一是以使政府经常听到人民的声音，民间的疾苦，动员的状况，行政的优劣，使政府在领导抗战，实施庶政上得到一种参考，为我们政治的任务。

关于本刊内容，也有需要略为提及的。三日刊在性质上原具有两重性。三日刊是日报与杂志的中性刊物，它应具有新闻和杂志的二种特点。因此本刊今后在时事方面，力求保持新闻趣味，但以系统的供给新闻为原则，而在其他方面，我们却要发挥杂志本身的特点。至于更具体的编辑方针，我们以为这里可以不必说它。

本社工作同人，今后对于一切工作，均想做到是集体的力量的表现，本刊的言论，也想渐渐做到都是集体的讨论的结果，因此我们希望社会各方面的人士及全国读者经常对本刊提出批评，建议，报告，通信，使《全民抗战》变为真正代表全国人民的公意，与全民教育，宣传，最有力的工具。

最后我们以极大的热情拥护正在开幕中的国民参政会，希望这一伟大的集会完成抗战建国的使命。我们并用自己的工作，用《全民抗战》，来纪念伟大的七七纪念日。

原载 1938 年 7 月 7 日汉口《全民抗战》三日刊第 1 号，署名本社同人。

领导与反映

《新华日报》呱呱坠地于三年前，它是在民族解放神圣抗战的火焰中生长起来的，它是全国精诚团结的最显著的一个象征，在它三周岁的纪念日，正逢着我们的中华民国抗战最后胜利愈益接近的时候，凡是爱护这个宁馨儿的朋友们，没有不欢欣愉快的。

它的保姆们里面有一位最近跑来对我说，希望在这一天，我写出一些关于它的批评或希望。我想到它的许多保姆们在这样艰苦的环境中千辛万苦地把它抚养起来，已尽了最大努力，简直不忍有所批评，但是在这喜气洋溢贺客临门的吉日，我却也不自禁地感到满腔的热诚，对它怀着无穷的希望。

舆论机关的重要任务一方面在领导社会，一方面在能反映社会大众的公意，这两方面是要融会贯通、打成一片的。一个报纸对社会能引起领导的作用，绝对不是由于它要怎样便怎样，必须由于它能够灵敏地意识到社会大众的真正的要求，代表着社会大众的真正的利益，在这个立场上，教育大众，指导大众。

这样的报纸才是进步的报纸，只有进步的报纸能引起领导的作用。在另一方面，只顾到少数人的利益，有意歪曲事实，胡说八道，那是开倒车的报纸，开倒车的报纸虽在形式上是舆论机关，在实际上已不能发生什么领导的作用。所以舆论机关能否负起它的领导的任务，全看它是站在进步的立场，还是站在开倒车的立场。站在进步的立场，虽在极艰苦的条件之下，仍光芒万丈，得到多数人的宝爱；站在开倒车的立场，即令在极优越的条件之下，仍黯然无光，使人漠然视之，甚至感到讨厌。

谈到这一点，令人想起列宁于一九〇〇年十二月在德国的慕尼黑开始出版的《火星报》。当时因帝俄对进步的报纸摧残不遗余力，所以在本国无法出版，不得不在国外出版，但是因为它能反映当时大众的真正要求，所以一出版就引起了俄国整个社会民主党运动的注意。它印在极薄而坚韧的纸上，冒险用种种方法秘密转运到俄国之后，各社会民主党人小组，革命职业家和工人群众都争相传阅，把它读得破烂不堪，有许多期连破烂不堪的都不够传阅，不得不在国内几处秘密翻印，再争相借阅。我们可以说在列宁正确领导下的《火星报》对当时的俄国革命运动起了坚强的领导作用，但是这种领导之所由来，并不是由于代表着他个人的意志，却是由于代表着当时社会大众的真正要求。

中国现在是全国精诚团结，一致努力于抗战建国的时代，和当时帝俄的情形当然不同，但是真能起着领导社会作用的舆论机关，必须是真能反映着社会大众的真正要求，这个原则却是颠扑不破的。

作为全国精诚团结的最显著的一个象征的《新华日报》，它在抗战三年来吸引着多数读者的宝爱，在种种极艰辛的情况下仍能发挥光大它的灿烂的成绩，也是由于它努力反映最大多数同胞在这个大时代的真正要求。这是《新华日报》已往成功的源泉，也是《新华日报》未来更大成功的基础。我愿以此庆祝《新华日报》已往的成功，并以此预祝《新华日报》未来的更大的成功。

原载 1941 年 1 月 11 日《新华日报》，署名韬奋。
是韬奋为《新华日报》创刊三周年写的纪念文章。

舆论的力量

民主政治的社会最重视民意的表现，表现的方法除选举外，便是舆论。就一般说来，舆论的表现虽也有着种种的途径，但是报纸和杂志上的言论，尤其是社论，更被人视为直接的表现。

因此，有些人一想到舆论，便很容易地联想到各报的社论。遇着国际或本国里有重要事件发生，各报为着要负起舆论的责任，也往往要针对所发生的重要事件发挥高论，以代表舆论自勉。

无论那一个报，执笔写社论的主笔先生，只是个人，至多只是言论部的若干位同人会议的结果，个人或少数人的言论何以又能发生伟大的力量呢？这绝对不在执笔的个人或少数人的自身，却在所发表的言论确是根据正确的事实和公平的判断，确能言人所欲言，言人所不敢言（这一点当然也还须有着相当的客观条件），真够得上舆论，才能发生舆论的伟大力量。

所以"舆论"这个重要的——也可以说是神圣的——宝物，不是有钱办报，有笔写文，就可以夺取到手的；也不是强迫任何人拿起笔来写出你所要说的文章，印在纸上，送到读者的手里，就可以发生什么舆论效力的。有钱有势的人尽管可以压迫舆论，收买舆论，乃至摧残舆论，但这些手段只是做到表面上像煞有介事，在实际上丝毫收不到所希望的舆论的效果，因为"舆论"这个宝物也是奇物，真正的舆论有如真理，无论如何是压不下去的！

写文章的人不要以为读者是易欺的，读者不都是瞎子聋子，他们也有听到正确事实和公平判断的机会，他们自己也有根据正确事实，引伸公平判断的能力。所以惯于下笔胡说八道的人固然引不起读者的信任，即使平日持论比较公平，被人视为社论能手的先生们，一旦写了违心之论，或有意歪曲事实的文章，也仍然要引起读者的不满以至愤怒。在写者以为他既可以舆论权威自居，好像说出的话都可以发生意想不到的效力，其实他根本就不明白他平日所以得到人们的信服，并不是他个人有着什么魔力，全恃他的"持论比较公平"，一旦他的这个特点抽去，令人信服的因素便寿终正寝，所得到的只是人们的唾弃和齿冷罢了！

最有趣的是一篇歪曲事实的言论尽管发表了出去，读者都只注意于主笔先生为什么要写出这样一篇文章来，结果是知道了其中曲折经过的一大段故事，原来是如此这般不得不写的，于是除了一声慨叹或且还对他加上一些可怜的同情以外，没有什么其他的感想。至于曾否发生舆论的力量呢？那只有天晓得！

这些说明言论固然可以发生舆论的力量，但却不是一切言论都可以发生舆论的力量。只有根据正确事实和公平判断的言论，才可能发生舆论的力量。例如你是努力抗战的人，我一定要说你是破坏抗战的人；或你是在分散抗战的力量，我一定要说你是在加强抗战的力量：这好像可以随便由我嘴里说出算数，但是人们听了能否信服，却不是因为我一定要这样说，却要研究我所说的是否根据正确的事实和公平的判断。倘若我所说的是根据正确的事实和公平的判断，人们当然信服；倘若我所说的不是根据正确的事实，也更说不上什么公平的判断，那末你不但不信服，而且还要引起你的反感或悲感，因为任何有理性的人是不愿有人把努力抗战说做破坏抗战，或把分散抗战力量说做加强抗战力量的。

我们要重视舆论的力量，我们更须知道舆论力量之所由来。

1941 年 2 月，国民党图书杂志审查委员会以"完全出于派系私利的立场"为罪名，扣留了本文。五十多年后，在《韬奋全集》编选过程中，编选者在南京中国第二历史档案馆的国民党档案里，发现当年被扣的一组韬奋的文章，本文是其中的一篇。

原载 1941 年 4 月 26 日《上海周报》第 3 卷第 18 期。

《生活》周刊究竟是谁的？

　　《生活》周刊承社会不弃，最近因销数激增，来登广告的也与日俱增，大有拥挤不堪的现象，编者有时碰到朋友，他劈头第一句就说："好了！《生活》周刊可以赚钱了！"这句话很引起我的感触，就是《生活》周刊替谁赚钱？《生活》周刊赚钱何用？再说得直截了当些，就是《生活》周刊究竟是谁的？

　　要回答这个问题，编者先要说明我们办这个周刊的方针和态度。

　　我们办这个周刊，心目中无所私于任何个人，无所私于任何机关，我们心里念念不忘的，是要替社会造成一个人人的好朋友。你每逢星期日收到这一份短小精悍的刊物，展阅一遍，好像听一位好朋友谈谈天，不但有趣味，而且有价值的谈天；你烦闷的时候，想想由这里面所看见的三言两语，也许可以平平你的心意，好像听一位好朋友的安慰；你有问题要待商榷的时候，握起笔来写几行寄给这个周刊，也许可以给你一些参考的意见，好像和一位好朋友商量商量。

　　我们办这个周刊不是替任何个人培植势力，不是替任何机关培植势力，是要藉此机会尽我们的心力为社会服务，求有裨益于社会上的一般人，尤其注意的是要从种种方面引起服务社会的心愿，服务所应具的精神及德性。

一个人光溜溜的到这个世界来，最后光溜溜的离开这个世界而去，彻底想起来，名利都是身外物，只有尽一人的心力，使社会上的人多得他工作的裨益，是人生最愉快的事情。讲到编者的个人，不想做什么大人物，不想做什么名人，但望竭其毕生的精力，奋勉淬励，把这个小小的周刊，弄得精益求精，成为社会上人人的一个好朋友，时时在那里进步的一个好朋友。

我们深信天下无十全的东西，最要紧的是要有常常力求进步的心愿，本刊决不敢说自己已经办得好，决不敢自矜，而且我们常常觉得自己有许多缺点，所堪自信者，即此常常力求进步的心愿。所以有指教我们的，我们极愿虚心领受，务使本刊的缺点愈益减少，优点愈益加多，不过对于无诚意的断章取义的谩骂，我们只得行吾心之所安，不与计较。我们以为做人的态度应该如此，办出版物的态度也应该如此。

根据上面所说的方针和态度，所以本刊因销数激增而广告涌进所得的收入，都尽量的用来力谋改进本刊的自身，由此增加读者的利益，由协助个人而促进社会的改进。试举几个较为显著的具体的例。本刊初办时每期不过一张，自第三卷三十一期起，每期加至一张半，价目照旧，其中虽有一部分地位用来登广告以资挹注，但材料较前增加，固为显著的事实，材料内容，亦较前更求精警，现在稿费比一年前已增加至三倍以上，也是本刊努力增进"质"的方面的一端，原拟自本期起，包皮纸改阔，包皮纸上用的签条原用油印，均改用铅印，现因赶印不及，将于下期实行，此层因销数之多，支出方面当然大增，惟前用油印，邮寄中途易于糊涂，每易辗转遗失，为求稳妥计，积极改善，惟力是视。此外自设"读者信箱"以来，发表于本刊的来信，因限于篇幅，为数不多，而每日收到来信商榷各种问题的，目前平均总在四五十封以上，其数量且与日俱增，都要分别函复，虽邮资所费殊巨，而我们尽其所知，或代征专家意见，竭诚答复，认为是辅助读者的一个途径，也是做"好朋友"的义不容辞的一件事情，是我们觉得很高兴做的。

上面随便举出的几件事，我们都认为是份内事，毫无自以为功的意思，不过我们的意思是要表明《生活》周刊是以读者的利益为中心，以社会的改进为鹄的，就是赚了钱，也还是要用诸社会，不是为任何个人牟利，也不是为任何机关牟利。

这样看来，《生活》周刊究竟是社会的。

原载 1928 年 11 月 18 日《生活》周刊第 4 卷第 1 期，署名编者。

我们的立场

本刊的言论或评述向以光明磊落的公开态度与国内外同胞相见，我们的立场原可于平日所刊布的言论或评述中见之，所以记者初意这篇文章可以不必做，但为彻底明确起见，似乎还有略作较有系统叙述的必要，故今特乘本刊五周纪念的机会，提出来谈谈。

本刊创办以来的经历颇简单，最初一年的宗旨似未十分确定，记者承乏本刊自第二年起，接手后即确定宗旨为"暗示人生修养，唤起服务精神，力谋社会改造"，方向较定，努力亦较专，至第四年起，经济与管理方面均完全自立，幸得创办者之绝对信任，记者乃得以公正独立的精神，独往独来的态度，不受任何个人任何团体的牵掣，尽心竭力放手办去，复得诸同事之夙夜匪懈，诸文友之热诚赞助，才有今日的一点基础，依最近的趋势，材料内容尤以时事为中心，希望用新闻学的眼光，为中国造成一种言论公正评述精当的周刊。现请再就本刊的实际情形，略加申述。

（一）本刊是没有党派关系的，这并不含有轻视什么党派的意思，不过直述本刊并没有和任何党派发生关系的一件事实。我们是立于现代中国的一个平民地位，对于能爱护中国民族而肯赤心忠诚为中国民族谋幸福者，我们都抱着热诚赞助的态度。

（二）我们不愿唱高调，也不愿随波逐流，我们只根据理性，根据正义，根据合于现代的正确思潮，常站在社会的前一步，引着社会向着进步的路上走。所以我们希望我们的思想是与社会进步时代进步而俱进。

（三）我们希望能藉本刊批评讨论各种较重要而有意味的问题所采用的方法——含有分析的眼光，研究的态度，组织的能力，创造的思想——为中国国民养成分析，研究，组织，与创造的种种能力；希望他们对于任何问题都能具有分析的眼光，研究的态度，组织的能力，创造的思想，不盲从，不武断，具是非心，有辨别力。

（四）民族兴盛与社会改进是要靠多方面各就其境地能力而分工努力促成的；本刊不过是许多努力的无数单位中的一个，好像大海汪洋中的一个细流，所以本刊从来不存包办一切的态度，只想竭尽我们的绵薄，在振兴中国民族改进中国社会的许许多多努力中，希望能贡献我们一个小单位或一个细流的责任。

以上所述的四点，第一与第二两点可说是偏于事实方面，就是本刊现在的实际情形确是如此；第二与第三两点可说是偏于欲望方面。欲望能达到什么地步，要看我们自己的努力如何；我们只得尽其心力向前干，干得一分是一分，不愿妄自菲薄，亦不愿妄自尊大。我们深信一人所能自效于社会国家者只能各尽其所能竭力做去，故无所用其菲薄；但人生有涯，事业无尽，沧海一粟，所成几何，故亦深知无可自大。

十九,十一,二八。

原载1930年12月13日《生活》周刊第6卷第1期，署名韬奋。

为什么要保全《生活》

自从平津各报纷载本社被封和记者被通缉的消息以后，承蒙许多读者纷纷赐函慰问，有的更告诉我们不少离奇的消息，或说听见记者已逃往法国去了，或说听见记者已吃了卫生丸，在北平的亲戚甚至打电报来问记者的安危，也就是要知道记者究竟装进了棺材没有。以记者这样常自愧恨毫无实际贡献于社会的一个小卒，竟承蒙厚我诸君的悬系，万分惭感，自觉实在不值得这样的优遇。我个人的安危毫不足道，不过却绞尽脑汁，筹思如何能在可能范围内保全这个六年来由许多同事的辛苦和许多读者的爱护而培养到了今朝的《生活》。但是记者又想到我们为什么要保全《生活》？为它的资产吗？《生活》从最小规模到现在，都是全靠自己从发行，广告，及丛书方面的收入支持，绝对量入为出，仅求收支相抵，实无资产可言（这是有历年会计师审核的账册可稽的）。为记者个人物质上的得失吗？我苦干了六年，在物质方面和六年七年前坐冷板凳的时候并无差异。既非为保全本刊的资产，又非为保全个人的得失，究竟要保全什么？所要保全的是本刊在言论上的独立精神——本刊的生命所靠托的唯一的要素。倘本刊在言论上的独立精神无法维持，那末生不如死，不如听其关门大吉，无丝毫保全的价值，在记者亦不再作丝毫的留恋。

附带还有几句话：倘若不得不到听其关门大吉的时候，关于常年定户的定费，我们当然要负责归还，丝毫不容含混的。我们平日责人严，责己当更严，这是分内应负的责任。记者光明磊落的来主持本刊，到了滚的时候也还是要光明磊落的滚，才对得住热诚赞助本刊的许多读者。

　　原载 1932 年 10 月 22 日《生活》周刊第 7 卷第 42 期，署名韬奋。

本刊今后编辑上的改革

　　本刊每年度发行五十期，每半年二十五期，每年度合订本分上下两册，即每半年为一册。本期是第八卷第二十六期，也就是第八卷下册的开始。本刊向例每遇每年度或每半年开始的一期，在编辑上常有多少改革，现在遇着这第八卷下册开始的机会，也颇想有一点新花样。最主要的是今后代表本刊社评的"小言论"，改由本社编辑部里的言论部同人共同负责，不再由任何个人署名，这样改变的理由，至少有下述的两点：

　　（一）一个报上的社评原有两种办法：一种是由一人或几个人轮流作署名的文字；还有一种是近来各国报界尤多采行的办法，那就是每次社评，先由言论部同人会议，提出题目共同讨论，最后取讨论的结果，公推一人执笔写出来，作为言论部共同负责的言论。第二种的办法含有集思广益的功用，当然比第一种好——倘若言论部的人材能有相当的充实。本刊是由很微薄的开始，一步一步发展出来的，七八年来关于社评一栏，只由记者做独脚戏。本刊发展到了今天，在思想方面有更求充实的必要，在编辑部的人材方面也渐渐的比前充实，所以特于本期起，采用上面所说的第二种办法，尝试尝试看。记者仍在这共同负责的言论部里尽其一分子的职责。

　　（二）我在本刊的"小言论"栏做了七八年的独脚戏，这种办法当然有种种的缺点。第一是人非铜筋铁骨，虽不必就想到"跷辫子"，但在长时期里偶然生几次病，并不是不可能的事情。我在已往七八年里，所作的"小言论"虽很惭愧，但很侥幸的从来未曾有过一次"脱班"，可是已有一次在病榻上眼花头晕中握着笔晃头晃脑写成的。这并不是说只有我才会写，却是因为本刊为着经济自立计，不得不量入为出，延揽有心，借重无力，匆促间临时"拉夫"也不是很容易的事情，所以区区幸而一息尚存，仍不得不硬着头皮瞎干一下。这种在病榻上原该写遗嘱而却轮着写社评的时候，究竟不多，所以缺点还不能算什么，更大的缺点是这样一来，加上编辑的事务，我这个人就好像做了拘囚，时间上固难得到充分的看书或研究的机会，要想偶而在国内或国外游历考察，也势难抽身。在未担任本刊笔政以前，我在国内还跑过近十省的地方，自从关闭在"小言论"里之后，大有寸步难离之概。所以为我个人充实学识经验计，也就是为服务于本刊增加效率计，这件事都有改弦更张的必要。

这个计划，萦回于我的脑际已有两三年了，到最近居然有了实现的可能，这是我觉得很欣幸的一件事。此外关于其他部分，如隽美文艺的采登，重要问题的讨论，也在审慎计划，力求精进，希望对社会能有较大的贡献，并很诚恳地盼望读者诸君不吝指教，以匡不逮。

　　原载 1933 年 7 月 1 日《生活》周刊第 8 卷第 26 期，署名韬奋。

与读者诸君告别

本刊自东北国难发生以来，愈痛于帝国主义的侵凌与军阀官僚的误国，悲怆愤慨，大声疾呼，希望能为垂危的中华民族唤起注意与努力，不料竟以此而大招政府当局的疑忌，横加压迫，愈逼愈厉，本刊在已往三个月里无日不在惊风骇浪中挣扎奋斗，记者持笔草此文时，已得到即将封闭本社的确息，我们寻遍了《出版法》的规例，不知犯了那一条，政府封闭本社，也不知根据了那一条，但是本刊在政府威权之下，已无继续出版之可能，本刊为正义而奋斗，已到了最后的一步，预计本期和读者诸君相见的时候，本社已被封闭，可以说是与诸君告别的一期。《小言论》是每期文稿里最后付印的一篇，特乘此最后的机会，和我所朝夕萦怀的国内外精神之交的诸好友略述所感，藉作告别的纪念。

本刊七月间横遭禁止全国邮递，继被全国查禁，最后竟被封闭。在此遭难的三个月里面，颇承不少热心的朋友自动地向当道解释。我们所得的罪名是"言论反动，毁谤党国"，其实我们对问题或国事有所评论，全以多数的民众为立场，公开的事实为根据，不知道有何"反动"，也不知道有何"毁谤"，代向当道解释的朋友多针对此两点有所剖白，除这种解释之外，记者所始终认为绝对不容侵犯的是本刊在言论上的独立精神，也就是所谓报格。倘须屈伏于干涉言论的附带条件，无论出于何种方式，记者为自己人格计，为本刊报格计，都抱有宁为玉碎不为瓦全的决心。记者原不愿和我所敬爱的读者遽尔诀别，故如能在不丧及人格和报格的范围内保全本刊的生命，固所大愿，但经三个月的挣扎，知道事实上如不愿抛弃人格和报格便毫无保全本刊的可能，如此保全本刊实等于自杀政策，决非记者所愿为，也不是热心赞助本刊的读者诸君所希望于记者的行为，故毅然决然听任本刊之横遭封闭，义无反顾，不欲苟全。

总之本刊同人自痛遭无理压迫以来，所始终自勉者：一为必挣扎奋斗至最后一步；二为宁为保全人格报格而决不为不义屈。现在所受压迫已至封闭地步，已无继续进行之可能，我们为保全人格报格计，只有听其封闭，决无迁就屈伏之余地。记者自主持本刊六年以来，和国内外数十万读者成为精神上的至友，声应气求，肝胆相照，临别怅惘，非可言喻，且记者此后的态度必承诸友惓念，故敬再略陈所怀，并附述对于读者诸君的希望。

记者用全副精神尽瘁于本刊者六年，结果可谓毫无实际贡献可言，于此得一异常深刻的教训，即在目前形势之下，空论无补时艰，只有实际方面的努力才有效果。当此外患内忧交迫，国事乌烟瘴气的时代，我们的感触只有愤慨；虽有积极的思考和建议，无由实现，等于白说，所余剩的仍只有愤慨，即得这样愤慨下去，于实际上已无裨益；况在如今言论绝无自由可言的时代，即欲公开表示愤慨而不可得。我们徒有空论无用，徒作愤慨无用，乃至即空论与愤慨亦无继续之可能，所以我们此后果欲对民族前途有所努力，必须从实际方面干去。

记者一方面从苦痛中得到这样的深刻教训，一方面却绝对不因此而消极。本刊在六年的短时期内，由每期二三千份达到十余万份，承蒙读者的热烈爱护，足见本刊言论上的主张适合中国的需要，获得民众的同情，数年来辛勤并非完全虚掷。仅属言论，尚且如此，苟为实际上的努力，收效之宏，更可想见，故记者此后不但不消极，且当本其赤诚，坚其意志，积极在实际方面力求对民族前途有切实的贡献。

从另一方面想，表同情于本刊言论的国内外读者虽有数十万，但本刊一旦受无理的摧残，竟束手待毙，无可如何，就是热诚爱护本刊的读者诸君陪着记者流泪也是白流的！可见空论固无补时艰，徒表同情于空论亦无实效可言。因此在记者个人固应勿忘上面所说的教训而应从实际方面努力，同时并以至诚希望诸君也把对于本刊言论的同情移到实际方面的努力，共同奋斗，共谋中华民族的独立与解放。

　　附言：本篇系韬奋先生于去年十月间所作。当时本刊已准备被封，直延至目前，文中所述，已成事实，故照原稿登出。虽文内所述时间，业已不符，不加改正，以存其真。

编者

　　原载 1933 年 12 月 16 日《生活》周刊第 8 卷第 50 期，署名韬奋。

几个原则

现在有些朋友想起办刊物，往往联想到《生活》周刊。其实《生活》周刊，以及它的姊妹刊《新生》《大众生活》《永生》《生活星期刊》，都是有它们的特殊时代的需要，都各有它们的特点。历史既不是重复，供应各时代的特殊需要的精神粮食，当然也不该重复。但是抽象的原则，也许还有可以提出来谈谈的价值，也许可以供给有意办刊物的朋友们一些参考的材料。

最重要的是要有创造的精神。尾巴主义是成功的仇敌。刊物的内容如果只是"人云亦云"，格式如果只是"亦步亦趋"，那是刊物的尾巴主义。这种尾巴主义的刊物便无所谓个性或特色；没有个性或特色的刊物，生存已成问题，发展更没有希望了。要造成刊物的个性或特色，非有创造的精神不可。试以《生活》周刊做个例。它的内容并非模仿任何人的，作风和编制也极力"独出心裁"，不愿模仿别人已有的成例。单张的时候有单张时的特殊格式，订本的时候也有订本时的特殊格式。往往因为已用的格式被人模仿得多了，更竭尽心力，想出更新颖的格式来。单张的格式被人模仿得多了，便计划改为订本的格式；订本的格式被人模仿得多了，便计划添加画报。就是画报的格式和编制，也屡有变化。我们每看到一种新刊物，只要看到它的格式样样模仿着别人的，大概就可以知道它的前途了。

其次是内容的力求精警。尤其是周刊，每星期就要见面一次，更贵精而不贵多，要使读者看一篇得一篇的益处，每篇看完了都觉得时间并不是白费的。要办到这一点，不但内容要有精彩，而且要用最生动最经济的笔法写出来。要使两三千字短文所包含的精义，敌得过别人的两三万字的作品。写这样文章的人，必须把所要写的内容，彻底明瞭，彻底消化，然后用敏锐活泼的组织和生动隽永的语句，一挥而就。这样的文章给与读者的益处显然是很大的：作者替读者省下了许多搜讨和研究的时间，省下了许多看长文的费脑筋的时间，而得到某问题或某部门重要知识的精髓。

再其次，要顾到一般读者的需要。我在这里所谈的，是关于推进大众文化的刊物（尤其是周刊），而不是过于专门性的刊物。过于专门性的刊物，只要顾到它那特殊部门的读者的需要就行了；关于推进大众文化的刊物，便须顾到一般大众读者的需要。一般大众读者的需要当然不是一成不变的，所以不当用机械的看法，也没有什么一定的公式可以呆板地规定出来。要用敏锐的眼光，和深切的注意，诚挚的同情，研究当前一般大众读者所需要的是怎样的"精神粮食"：这是主持大众刊物的编者所必须负起的责任。

最后我觉得"独脚戏"可以应付的时代过去了。现在要办刊物，即是开始的时候，也必须有若干基本的同志作经常的协助。"基本"和"经常"，在这里有相当重要的意义。现在的杂志界似乎有一种对读者不很有利的现象：新的杂志尽管好像雨后春笋，而作家却仍然只有常常看得到他们大名的这几个。在东一个杂志上你遇见他，在西一个杂志上你也遇见他。甚至有些作家因为对于催稿的人无法拒绝，只有一篇的意思，竟"改头换面"做着两篇或两篇以上的文章，同时登在几个杂志上。这样勉强的办法，在作家是苦痛，在读者也是莫大的损失，是很可惋惜的。所以我认为非有若干"基本"的朋友作"经常"的协助，便不该贸贸然创办一个新的杂志。当然，倘若一个作家有着极丰富的材料，虽同时替几个杂志做文章，并没有像上面所说的那样虚耗读者的精力和时间的流弊，那末他尽管"大量生产"，我们也没有反对的理由。

还有初办刊物的人，往往着急于销路的不易推广。当然，发行的技术和计划也是刊物的一个重要部分，我们不得不承认这方面也应加以相当的注意。但是根本还是在刊物的内容。内容如果真能使读者感到满意，或至少有着相当的满意，推广的前途是不足虑的。否则推广方面愈用工夫，结果反而愈糟，因为读者感觉到宣传的名不符实，一看之后就不想再看，反而阻碍了未来的推广的效能。

我们的工作原则

最近我们对于店务有比较充分的讨论，除具体问题的研究外，特提出三句口号，作为我们此后向前努力的总原则：

第一是促进大众文化。我们大家所共同努力的这个文化机关，一向是站在前进的立场，这是同人们所知道的，但是所谓前进，并不是使自己跑开大众很远，把大众远远地抛在后面，我们必须注意到最大多数的群众在文化方面的实际需要，我们必须用尽方法帮助最大多数的群众能够提高他们的文化水准，我们必须使最大多数的群众都能受到我们文化工作的影响。因此我们在出版方面，不能以仅仅出了几本高深理论的书，就认为满足，必须同时顾到全国大多数人的文化食粮的需要，就是落伍群众的文化食粮的需要，我们也要尽心力使他们得到相当的满足，我们深信为着国家民族的利益，我们的任务是要使最大多数的同胞在文化水准方面能够逐渐提高与普及，这对于整个国力的提高是有着很大的效力。所以促进大众文化，是我们的第一个口号。

第二是供应抗战需要。我们当前最神圣的伟大任务是争取抗战胜利，我们所努力的文化工作必须供应抗战需要。自抗战爆发一年多以来，我们所出版的有关抗战的书报，固已不少，但是我们还深深地感觉到很不够，我们深深地感觉到还没有充分注意沦陷区域中的广大民众的文化上的急迫需要，没有充分注意前方千百万士兵在文化上的急迫需要，我们要使文化的工作更能供应抗战的需要，更充分地增加广大民众与士兵对于民族的意识，更充分地增加广大民众与士兵对于抗战的热烈情绪，所以供应抗战需要是我们的第二个口号。

第三是发展服务精神。生活书店可以说是服务社会起家的。生活书店的前身是生活周刊社所附设的书报代办部，是完全以对读者尽义务为宗旨的，当时生活周刊社不但为读者代办书籍和报纸而已，其实对于读者的种种需要只要是我们的力量办得到的没有不竭尽心力为他们服务。最有趣的是有的读者有因为夫人要生产，托我们代为物色好的产科医院，有的读者有因为吃官司，托我们代为介绍可靠的律师，乃至远在南洋的读者，因为母亲和夫人要买国内的绸缎衣料，也委托我们，代为选购，我们无一事不是尽我们的心力做去，以最诚恳的心情做去。只须于读者有点帮助。我们从来不怕麻烦，不避辛苦，诚心恳意地服务。我们的这种服务精神，引起了国内外广大读者群众的深刻同情，于是对于我们文化事业给与非常热烈的赞助。他们对于我们书报特别信任，（同时当然也因为我们所出的书报有正确的内容）我们的文化事业便由此一天天向前发展起来，我们现在不但保持我们对于社会的这种传统的服务精神，而且还要尽量发展这种传统的服务精神，由此使我们的文化事业得到更大的开展，由此使我们的工作对于国家民族有更普遍而深刻的贡献。所以我们的第三个口号，是发展服务精神。

促进大众文化，供应抗战需要，发展服务精神，这是我们在现阶段，一切工作上的总的原则。我们大家要在这总的原则之下努力迈进！

　　原载 1939 年 1 月 10 日重庆《店务通讯》第 34 号，
署名韬奋。

本店设立读者顾问部的重要意义

本店事业的重要目标有三个：一是促进大众文化；二是供应战时需要；三是发展服务精神。这三个目标当然有连锁性，不能截然分开的，但是在研究的时候，是可以分开来说的。本店设立读者顾问部，也是发展服务精神的一部分工作。关于这件事的简章和办法，已另见本期本刊，在本文里只想提出几个要点来说明。

首先，我们的这个书店对于读者的关系是经常的朋友关系，我们要把读者看作我们的朋友，不只是寻常的买卖关系。寻常的买卖关系只是所谓"路人"的关系，漠然若不相关，偶然相遇，以后不相问闻。朋友的关系便不同，朋友是要彼此关切，彼此互助；友谊是要随着相交的久长而继续增进的，感情是要随着相知的深切而继续加强的。本店的传统精神，一向是把读者当作朋友看——当作好朋友看。我们对于读者的服务不是仅求一次的周到，是要求继续不断的周到。我们对于读者的服务是要尽着最大限度的努力，是要竭思尽智，做到我们无法做得更好为止。我们现在办读者顾问部，也是要发挥这同样的服务精神。

关于读者顾问部的服务范围，依简章所规定，分为三项：（一）关于读书计划上、方法上、字句上所发生之疑问的解答；（二）关于职业生活上、家庭生活上及其他方面生活上发生之疑问的解答;(三)每两个月推荐最新出版最有价值之必读书一册或二册及选读书数册,使读者能有计划地读书。关于第一和第二两项我们一向也在做,不过现在更要充实扩展,更要系统化;关于第三项——就是"生活推荐书",在中国可以说是创举。这个办法的最主要的特点是:(一)经常地为读者推荐我们认为最可以看最应当看的书;(二)帮助读者在经济上得到尽量节省的结果。

看书是增进知识的一个重要的锁钥,但是选书却是一个待决的问题。尤其是事情忙的人,简直没有很多的工夫往各书店去"巡阅";随便抽一本吧,又怕不见得靠得住,以致白费去许多时间而毫无所得。现在有一位他们所信任得过的朋友,经常让他们知道什么书最可以看最应当看,除每两个月推荐最新出版最有价值之必读书一册或两册外,还有选读书数册,使他们不必费许多选择的时间,就可以比较有计划的读书:这对于读者确是不无小补的。同时我们对于本店读者顾问部的每一读者,还按期寄递《读书月报》一册,使读者对于出版界的情形,关于读书的基本知识,和各种问题都有着经常的接触。这是第一个特点。

加入本店读者顾问部的读者,只须缴纳"生活推荐书"预约金每年五元,全年就可以阅读"生活推荐书"至少六册,《读书月报》十二册,价值总额至少在十元以上。这差不多替读者省了一半的购书费。此外,定购本店出版的图书杂志,还一律可以得到九折的优待。这是第二个特点。

这两个特点,当然都是"生活推荐书"办法的优点,但是优点尽管是优点,可是能否使我们的读者满意,还是要靠我们能否真正发挥我们的服务精神:所推荐的书要出版准期,不要"脱班"；所应寄出的推荐书要按时寄出，尽可能地迅速送到读者的手上；遇着读者有所询问，要诚恳详尽而迅速地答复。

读者顾问部是本店和读者之间的友谊的一条桥梁——我们应该充分发挥"生活"对于读者服务的精神，使这个桥梁发生充分的效果！

发展服务精神，这是我们全体同仁所应时刻勿忘的一种责任！

原载 1939 年 5 月 13 日重庆《店务通讯》第 47 号，署名韬奋。

加强认识我们服务的广大对象

我们为着争取民族解放的胜利，在抗战以前和抗战以后，都是提倡并拥护全国团结一致对外的，就是除了汉奸卖国贼以外，整个民族的各阶层都要团结起来，一致为民族解放而努力奋斗。在政治上如此，在文化上也是如此。就文化工作者方面看来，是要配合抗战建国伟大时代的需要，把我们的服务范围扩大到整个民族的各阶层——只有汉奸卖国贼不是在我们的服务范围之内。最近廖庶谦先生曾说起几句有趣味而值得我们玩味的话，他说在全国团结大原则之下，就是民族资本家到生活书店来买书，也寻得到他所需要看的书，买几本他所需要的书带回去。就这个意义说，我们服务的广大对象应包括整个民族的各阶层。

就另一意义说，我们应顾到最大多数的落后群众。我们是信仰群众的伟大力量的，因此我们深信中华民族的光明前途的基础是建在最大多数的群众。这最大多数的群众，就目前文化水准方面说，是比较落后，这是无可讳言的事实，我们要希望群众伟大的力量能得到充分的发扬光大，是要使最大多数落后群众的文化水准尽量提高。这个原则是我们大家所承认的，似乎无须多所说明，但是仅仅承认是不够的，我们必须在实践上能够顾到这一点，能够对这一点加以充分的注意。我们在以往对于这方面也不是没有注意，但是还做得太不够，好像我们的注意特别偏重于前进分子的范围，而未对于最大多数的落后群众有足够的注意。关于前进分子的文化需要，我们当然也要顾到，但是如果偏于这种狭窄的范围，而忽视了满足最大多数的落后群众在文化上的需要，所发生的功效，是不够远大的。我们要深切地明白，无论民族解放的胜利，或革命事业的开展，不能仅靠比较少数的前进分子，同时还要依靠最大多数群众的觉醒与努力，这种任务，本店尤其义不容辞，因为本店十余年来的努力（生活周刊社包括在内），我们的服务对象本来是很广大的，我们所得的社会信任与同情，本来也是很广大的，我们应该宝贵这个传统，我们应该更发扬光大这个传统，使我们对于中华民族的文化有更伟大而广泛的贡献，我们要加强认识我们服务的广大对象。

原载 1939 年 5 月 20 日重庆《店务通讯》第 48 号，署名韬奋。

意见的沟通

本店的管理是采用民主集中的原则，在这个原则下，同人意见的沟通是非常重要的一件事。尤其是规模较大，分店较多之后，彼此的意见的隔阂最易发生，由隔阂而发生误会，小则影响到个人的工作情绪，大则影响到整个事业的顺利发展，这个问题是值得我们严格的注意。

在本店的组织上，原有若干沟通意见的机构。例如关于业务方面，有理事会、常务理事会、业务会议、店务会议等等；关于人事及同人福利问题方面有人事委员会、同人自治会等等。在这种种会议席上，都有发表意见和交换意见的机会，我们都应该努力运用来作沟通意见的有效工具。在这种种会议中所讨论及决议的事情，在可能范围内，应尽量反映到《店务通讯》及《我们的生活》上——前者是有关整个店的业务的机关志，后者是同人自治会的机关志——尽量使同人知道其中的内容。

同时《店务通讯》还须负起反映同人关于业务上的意见。这些意见，大概可分三类：（一）关于各种工作上改善的建议，合于事实需要与在事实上办得到的具体办法，把它公布出来。《店务通讯》不是纯粹的言论机关，而是本店执行者所共同参加的机关志，既是合于事实的需要与在事实上办得到的具体办法，那末不但仅将言论发表而已，同时便须在实际上付之实行。（二）如遇有同人所拟发表的言论内容，对于事实有误会，那末与该事实有关的负责人应加以解释，消除这种误会。这类解释误会的答复，可分两种方法处理：一种是个别的直接答复；一种是与原文共同发表出来。（三）如有些办法的建议，在负责者认为不能即决定采行，（如认为应即决定采行，那就应该在事实上即付之执行。）有提出征求多数同人意见的必要，也应该发表出来，付之共同讨论。

《我们的生活》既是自治会的机关志（在目前只能集中在几个据点，其余的地方还只能利用壁报。）在自治会力量所能及的事情，也应该采用这样的原则，即在自治会可以做应该做的事情，不仅仅发表文字而已，还应该注意在事实上即付之执行。

意见的沟通，除在各种会议中及机关志中有相当的园地外，当然还不够，全体同人中任何人有意见还应具体提出，用口头或书面告诉负责人或店内的相当机构，如理事会，人委会或监察会等，负责人或店内的机构即当加以虚心的考虑。如所提出的确是可以做应该做的事情，应该实行起来；如所提出的是属于疑问的问题，应该加以诚恳切实的解释；如所提出的是值得讨论的问题，应该提出来讨论。要做到这一点，我们先须提倡有办法有疑问即须随时提出的作风与习惯。（无论用口头或书面提出都可以，在各地的当然可以写信。）我现在忝负本店业务上的总责，我遇着任何同事有意见提出，决不加以轻视，必能加以虚心考虑，在我职权以内可以解决的问题，必负责解决；即在我职权以外的事情，我也必能负责提交常务理事会或人委会讨论解决。我相信本店各级负责人都有这样的虚心态度，因为加强我们这共同努力事业的发展，增加我们工作的效率，以及在本店可能办到的改善同人待遇种种方面，在我们是有共同的目标和愿望，我们绝对没有理由不顾到同人的意见，不考虑同人的意见。

但在事实上我发现同人中有一部分似乎有一种习惯，就是有何意见，往往只在私人通信中说；有何不满，也往往只在私人通信中发发牢骚，而不向负责者提出，或不向店中的相当机构提出，结果是意见沟通的范围很有限，负责者很难知道；遇有误会，无从解释，遇有错误亦不易迅速改正。为加强意见的沟通起见，我觉得我们要提倡：无论何时，有意见有办法或有疑问，不仅在私人通信中说，要老老实实向负责人或店中的相当机构提出，负责人或店中的机构必能予以负责的答复。

加强同人间意见的沟通，是本店民主精神的一个重要因素，我希望全体同人共同认识这件事的重要。

原载 1939 年 10 月 7 日重庆《店务通讯》第 68 号，署名韬奋。

工作实践中的学习

　　本店同人向来有一个良好的习惯，就是学习的兴趣相当的浓厚。学习本来可以分为两种：一种是学校中的学习，一种是职业界中的学习。职业界中的学习还可以分为两个部分：一个是业余的部分；还有一个是在职业工作中的部分。在学校时期的学习，一般地说来，可以说是用全部分的时间于学习课程，可有一定的上课时间，有一定的课本，有教师对学生按时解说的形式。在职业界时期的学习，便不可能和学校时期采用完全相同的形式。其中在业余时间的学习，如参加读书会演讲会等等，似乎仍与学校时期的情形相近，但是已须特别偏重自动学习的成份，在实际上也须采用比较更灵活的办法。讲到职业工作时间的学习，就更没有显著的学习形式，而须特别注意自动学习精神。在学校里，教师的主要部分的时间，都全用在解说，学生的主要部分的时间，都全用在听讲。在一个职业机关里，全体同事的主要部分的时间，都全用在办公，在事实上不可能有像学校时期那样的学习形式。但这却不是说，在"办公"的时间就没有学习的意义：恰恰相反。我们既不是在学校里，而是在一个办事的职业机关里，正是要特别注意工作实践中的学习。我们对于学校里的学习，对于业余读书等自修工作的学习，都很容易明瞭或认识它有着学习的意义，但是一想到学习，往往只想到这一类的学习，对于工作实践中的学习意义，似乎容易忽略，所以有特别提出来研究的必要。

关于工作实践中的学习，就本店的情形说，有几点值得我们注意的：

第一，有人批评本店的工作学习还只是学徒式的学习，这一点固然不能说没有片面的理由，但是我们要知道同人中负责比较重的都也在极忙的状况中勉力工作，工夫原极不易抽出，所以对于"有系统的教授"往往力不从心，这是事实问题。不过我希望学习者却不必以此自馁，因为在工作的时候，遇有任何事情不懂，尽管向有关的同事询问，多多注重自我学习。在真正学徒式的学习，做师傅的是没有答复说明的责任，（至少事实上是如此）只是由学徒自己摸索。我们至少可把比较熟练的同事当作顾问，当作道尔顿制中的教师。（道尔顿制中的教师，就只是鼓励学生自己设计，遇有困难非学生自己所能解决，向教师提出时，才帮同解决，仍以学生自动的努力为主，做教师的只是立于协助的地位。）

第二，要预存在工作中学习的态度，然后在学习中才能发生学习的结果。譬如抄写一封信吧，写的时候马马虎虎，瞎揭一阵，至少并无意使自己写得好些，这样抄了一百封信，末了一封的字，还是要和最初的那一封的字差不多：同样费时间写，只要在写的时候，稍稍存着学习的态度，一定是能够越写越进步的。我们有许多事要做，固然用不着特别费时间来练字，但是如果在办公中把字逐渐写得比以前好些，容易看些，就是将来把自己造成中国高尔基，印刷所的排字工友也要谢谢你的。又例如在抄信时，不动天君地呆抄，是一种写法，同时还能用些脑子注意信的内容，信内所应付的事情和适当的措辞，使自己也能藉此增加些办事的经验与起稿的能力，这又是一种写法。前一种是学习效用很少，后一种却是学习效用很大。这差异只是肯不肯在工作实践中学习。这里只是举个比较简单的例子，其他比较复杂的工作，可以类推。

第三，工作实践中的学习，不但是同事的学习，即办事技术上的学习，同时还有对人的学习。在一个职业机关里，责任愈重的人，对于人的应付或处理也愈复杂，所以我们不但要学习如何把事办得好，同时还要注意如何与人相处得好，这不是学习如何敷衍人，是要学习如何与人合作，但是要学习如何待人接物，乃至细心观察对于同事工作的分配，对于同事工作效率的增进，尽管自己在目前并不负有指导或领导的责任，也应该切实注意，以备将来自己负到这种责任时可以左右逢源，不至临渴掘井。

工作实践中的学习，包含内容很多，这里只是先举出三点来，与全体同人共勉。

原载 1940 年 2 月 24 日重庆《店务通讯》第 87 号，署名韬奋。

《大众生活》复刊词

《大众生活》在读者诸友中是一个面熟的老友，老友的久别重逢，是彼此间最感觉愉快和兴奋的事情。

《大众生活》开始和诸友见面是在民国二十四年底，那正是"一二·九"学生救国运动蓬蓬勃勃，达到最高潮的时候。当时由于日本帝国主义者对于我国的侵略已作大踏步的开展，危机日迫，全国震骇，青年学生们目击心伤，深深地感觉到仅仅埋头读书而置国事于不闻不问是不对的，于是登高一呼，万山响应，掀起了感动全国震惊世界的救国运动的怒潮！

现在时代不同了，由于政府及领袖的坚强领导抗战的国策，由于全国军民的众志成城，艰苦奋斗，整整打了四年的义战，把我们的民族敌人打得焦头烂额，日暮途穷，而我们仍屹然毫不动摇，仍继续我们的神圣抗战，非争取到中华民国的独立自由不止。这与《大众生活》初与读者诸友见面时的形势确是不同了。

但是，假如在五年以前，摆在全国人民面前的紧迫问题是如何促成停止内战，团结统一的局面以进一步达到对外的全面抗战，那么现在，摆在全国人民面前的紧急问题，就是如何使分裂的危机根本消灭，巩固团结统一，建立民主政治，由而使抗战坚持到底，以达到最后的胜利。回顾五年以前，那时中国是处在何等的惊风骇浪之中，内争未息，外侮频仍，但卒赖全国人民一致呼号奋发而使民族的航轮驶上坦途；因此，现在虽然很不幸地发生了局部的逆流，但我们坚信，靠着全国人民的巨大力量也一定能旋乾转坤，而到达胜利与光荣的彼岸，所以目前正需要一个比五年以前更广泛而深刻的民众力量的表现。

正确的行动发生于正确的认识，我们要能构成集体的国民力量以协助政府，改进政治，争取胜利，就必须充实我们的知识，增加我们对于本国及国际上各种重要问题的了解。《大众生活》这回和诸位重行见面，所自勉的就是要造成诸位的一个"知识上的好友"——但却不是脱离现实的抽象的知识，而是直接间接和抗战建国以及在这大时代中各人工作上修养上有关的知识。

我们不愿意讳病忌医，对于进步的，有利于民族前途的一切设施固极愿尽其鼓吹宣扬之力，但对于退步的，有害于民族前途的现象我们也不能默尔无言。纵使因此而受到误会与攻讦，但我们对民族前途的信心与为这信心而不惜一切牺牲的决意是必能为读者诸友们共鉴的。《大众生活》是为了大众也是属于大众的一个刊物，我们不但热诚希望读者诸友随时赐予批评指示，同时也极望读者以见闻所及，研究所得，惠赐佳作。

《大众生活》这个老友从本期起是要和读者诸友继续见面了，我们要为国家民族的光明前途，为世界人类的光明前途，携手迈进，共同努力。

原载 1941 年 5 月 17 日香港《大众生活》新 1 号，署名本社同人。